カーブアウト型 M&Aの実務

スタンドアローン問題から価格交渉まで

<small>公認会計士</small>
荒木隆志 著
Takashi Araki

中央経済社

はじめに

　本書は、カーブアウト型M&Aに関わることになり実務に直面する、買い手側、売り手側それぞれのM&A担当者、あるいは当該案件に関与する各アドバイザーが、実際の売却準備、案件調査、ならびに交渉において参考にできる実務的書籍として執筆している。

　カーブアウトという言葉が一般に浸透し始めたのは比較的最近であるが、カーブアウト型M&Aの代表的な取引形態である事業譲渡という取引は、以前から日本でも一般的に行われてきた。しかしながら、例えば著者が本格的にM&Aに関与し始めた2000年前後の実務においても、事業譲渡対価が、「営業利益5年分」とか、「譲渡資産の簿価＋一定の営業権相当」といった必ずしも理論的とは言えない実務慣行に基づき決められ、かつ、実際の譲渡日までに売掛金残高などが変動してもそれを譲渡価格に反映するメカニズムは特に考えられていないことが多かった。

　これは、M&A実務が未成熟であったというよりも、当時の日本においては、事業譲渡をはじめとしたカーブアウト型M&Aを企業の戦略として位置づける考え方があまりなく、例えば従業員の雇用の継続のためなど、日本的な経営風土の中で、売り手と買い手の一定の信頼関係に基づいて行われる事業譲渡が多かったためであるものと理解している。

　しかし、その後、韓国などアジア勢やBRICSと呼ばれる新興国が興隆する中、日本企業が、より厳しさを増すグローバルな競争環境に直面するようになると、選択と集中が経営戦略としての重要度を増すことになった。そして、選択と集中に経営戦略がシフトすると、カーブアウトは戦略の達成のために必要不可欠な手法となった。シビアなグローバル競争にさらされる前、日本では各業界に

数社〜場合によっては10社以上のプレーヤーがいる状況も珍しくなかったが、グローバルな競争に打ち勝つためには業界の再編により各業界のプレーヤーの数を絞っていく必要があり、そのためにはカーブアウトによる各社間での事業の売買が必要となったのである。

　さらに、グローバル化する経済に対応するため、海外事業の買収も行われるようになったが、そこでもカーブアウトに直面することになった。売却される海外事業の多くが、カーブアウト形態による売却であったからである。選択と集中を日本企業より早く経営戦略に取り入れていた海外企業は、売却準備を入念に行ってカーブアウト事業をより高い価格で売却することを明確に意識し、いわばカーブアウトそのものを自社の価値を高めるための手段としてとらえていた。このような状況の中で行われた日本企業のアウトバウンドのM&Aには失敗に終わったものも多いが、もしかしたら、その少なからぬ部分は、カーブアウトの売り手である海外企業が周到なカーブアウトの準備を行っていたのに対し、買い手側の日本企業は、カーブアウトの買い手となることの課題や対応策を十分に理解していなかったことにあったのかもしれない。

　最近になってカーブアウトという言葉が一般化してきたのは、カーブアウトが他のM&Aとは異なる特徴を持つ取引形態であり、通常のM&Aに加えて留意しなければならないポイントがあることが意識され始めたためではないだろうか。このような状況の中でも、カーブアウトの売り手側と買い手側の双方のエコノミクスと、それを踏まえた交渉ポイント、事前準備（売り手側）と事前調査（買い手側）など、実務の解説書が見当たらなかったことが、本書を執筆する動機となっている。

　また、カーブアウト型M&Aは、ある意味で、M&Aの中では最も複雑な取引形態である。通常の株式譲渡であればM&Aの対象が自明であるのに対し、カーブアウトでは売買対象となる事業の範囲がある意味で任意であり、その範

囲の決定から売り手と買い手の交渉が始まり、かつその範囲が譲渡対価や契約条件にも影響を与えるからである。また、生きて動いている一部事業を譲渡するということは、事業のオペレーションを分断することになるから、事業を毀損させるリスクもまた大きいことになる。したがって、カーブアウト型M&Aについての解説書を執筆するということは、必然的にM&A実務を網羅的に考えることになり、2000年前後よりM&Aの財務アドバイザリーに関わってきた者として、自らのM&Aについての考え方を客観的に整理する機会となった。私事にはなるが、執筆して良かったと思っている点である。

本書をお読みいただくにあたっての留意点であるが、カーブアウトには、買い手と売り手がいて、それぞれ別の観点があり、利害が対立することになる。本書においては、カーブアウトの全体の流れ、考え方を解説するのに、便宜的にまずは買い手側の目線に沿って流れを記述し、最後に売り手側に特有の事項を付け加える形態をとっている。しかしながら、買い手側の目線を優先しているわけではなく、売り手側の立場に立たれている読者は、買い手側の目線に沿って記述している部分においても、それを裏側から眺めることで売り手側の視点を考えていただければ幸いである。

また、本文中にも記載しているが、カーブアウトの取引スキームは、本来、事業譲渡以外にも会社分割からグループ会社の株式譲渡に至るまで様々な形態が考えられる。しかし、本書はカーブアウトの取引スキームを考えるためのものではないため、混乱を避けるために、特にことわりがない場合には事業譲渡によるカーブアウトを想定して記述している。カーブアウトのエコノミクスを考慮するという観点では事業譲渡について考えることでほぼ論点を網羅でき、事業譲渡以外のスキームでカーブアウトを行う場合には、その応用で考えることが可能であると考えたためである。

本書は財務アドバイザーとしてカーブアウト型M&Aに関与してきた著者が，基本的にはその経験の範囲において考えるところをまとめたものであるから，至らない部分も多々あるかと思われる。ただ，実務に即して著述したつもりではあるから，その点では，わずかでもカーブアウトをはじめとした日本のM&A実務の発展に貢献できれば幸いである。

　最後になったが，本書の執筆の機会を与えていただき，また適切なアドバイスによって執筆を助けていただいた中央経済社の奥田真史氏には，この場を借りてあらためて御礼申し上げたい。

2016年6月

荒木　隆志

目　次

第1編　カーブアウト型M&Aの意義と特徴

第1章
カーブアウト型M&Aとは何か？　　　　　　　　　　2

1 カーブアウト型M&Aの意義 …………………………………… 2
 (1) カーブアウトの意義　2
 (2) カーブアウト型M&Aの意義　4
 (3) カーブアウトの対象事業の定義　5
 (4) カーブアウトの取引スキーム　11
 (5) カーブアウト型M&Aの買い手　12
 (6) 買い手にとってのカーブアウト型M&Aの意義　13

2 組織類型ごとのカーブアウト例 ………………………………… 14
 (1) 事業部制組織での例　14
 (2) 機能別組織での例　16
 (3) カンパニー制組織での例　16
 (4) 持株会社制組織での例　18

第2章
カーブアウト範囲の特定　　　　　　　　　　　　　20

1 カーブアウト範囲の特定の考え方 ……………………………… 20
2 カーブアウトされる組織・人の範囲 …………………………… 21
3 カーブアウトする資産・負債の範囲 …………………………… 23
 (1) M&A検討上の資産・負債の分類　24
 (2) カーブアウトにおける資産・負債の範囲　30
4 カーブアウトする契約の範囲 …………………………………… 32
5 カーブアウトされるオペレーション・プロセス ……………… 32
6 会社の譲渡（株式譲渡）の場合の事業の特定 ………………… 34

第3章
スタンドアローン問題 ……… 35

1. スタンドアローン問題とは何か？ ……… 35
2. 母体からのサービスの喪失 ……… 36
3. 母体とのシナジーの喪失 ……… 39
4. 分離コスト ……… 40
5. スタンドアローン問題とカーブアウト範囲 ……… 41
6. 分離元企業の組織形態とスタンドアローン問題 ……… 41
   (1) 事業部制組織の場合　42
   (2) 機能別組織の場合　46
   (3) カンパニー制組織の場合　49
   (4) 持株会社制の場合　52
   (5) その他のスタンドアローン問題と組織類型　55
7. 買い手のスタンドアローン問題への対処 ……… 57
   (1) 母体からのサービスの喪失　57
   (2) シナジーの喪失　59
   (3) 分離コスト　60
8. 分離元企業に何が起きるのか？ ……… 60

第4章
カーブアウト型M&Aの特徴 ……… 61

1. カーブアウト型M&Aの売り手と買い手のメリット・デメリット 61
   (1) 売り手側の期待と課題　62
   (2) 買い手側の期待と課題　63
2. カーブアウト型M&Aの特徴 ……… 64
   (1) 対象が事業であること　64
   (2) バックオフィス機能が移管されないこと　64
   (3) カーブアウトの範囲は任意であること　65
   (4) 売り手にも重要な経済的影響が及ぶこと　65
   (5) 売り手と買い手の情報の非対称性　66

目 次 ◆ III

第2編　買い手側から見たカーブアウト事業の財務的分析・評価と交渉上の留意点

第1章
カーブアウト事業の価値評価のポイント　　68

1. 一般的なM&Aの場合のDCF法による企業価値評価 ……………… 68
   - (1) DCF法による評価アプローチの調査・分析のポイント　68
   - (2) DCF法の評価過程　69
   - (3) DCF法による価値決定要素と調査・分析のポイント　71
2. カーブアウトの事業価値評価 …………………………………………… 74
   - (1) カーブアウトの事業価値評価での論点　74
   - (2) カーブアウトの場合の価値評価の論点と調査・分析　76

第2章
カーブアウトのデューデリジェンス/事業価値評価の実施プロセス　　78

1. カーブアウト型M&Aの検討プロセスの特徴 ………………………… 78
2. チーム編成 ……………………………………………………………………… 79
   - (1) 買い手自身のチーム編成　79
   - (2) 外部アドバイザー　80
3. 財務デューデリジェンスのプロセス ………………………………… 80
   - (1) スコープの考え方　81
   - (2) 依頼資料　85
   - (3) スケジュール設定の留意点　89
   - (4) カーブアウトにおける事業価値評価のプロセス　90

第3章
カーブアウト事業の調査・分析のポイント　　92

1. カーブアウト範囲の特定 ……………………………………………………… 92
   - (1) 売り手側のカーブアウトの基本方針の確認　92

(2) 具体的なカーブアウト範囲の特定　94
　　(3) 資産・負債の範囲の特定　95
　　(4) 契約の範囲の確認　109
　　(5) 組織・人の範囲の確認　109
　② カーブアウト事業のキャッシュ・フローの検討　110
　　(1) カーブアウト事業のキャッシュ・フロー検討の留意点　111
　　(2) EBITDAの評価　112
　　(3) 必要運転資本水準とスタンドアローン問題　134
　　(4) 設備投資水準とスタンドアローン問題　138
　　(5) カーブアウトに伴う分離コストの評価　139

第4章
カーブアウトの条件交渉　142

　① カーブアウトの譲渡価格交渉　142
　　(1) 一般的なM&Aの取引価格の交渉レンジ　143
　　(2) カーブアウトにおける買い手の交渉レンジの留意点　144
　　(3) 母体から提供を受ける共通サービスのコスト負担のインパクト　144
　　(4) TSA, LTSAと譲渡価格交渉　155
　　(5) カーブアウト事業の譲渡価格交渉におけるその他の留意点　155
　② 価格調整　156
　　(1) 価格調整の一般論　157
　　(2) カーブアウトでの論点　161
　③ 表明と保証　172
　　(1) カーブアウトにおける表明と保証の意義　173
　　(2) 表明保証の実効性　174
　④ その他の価格調整　175
　⑤ 売り手から買い手へのサービス提供契約　175

第5章
カーブアウト成功に向けた買い手の課題 —— 177

1. 支払プレミアムとスタンドアローン問題, シナジーの実現 …… 177
   - (1) 支払プレミアムとM&Aの成功　177
   - (2) スタンドアローン問題の克服　178
   - (3) 支払プレミアムとスタンドアローン問題, シナジーの実現　178
2. 買収検討時のスタンドアローン問題克服のコストおよび支払プレミアムの見積り …………………………………………… 179
   - (1) 過去の失敗からの反省点　179
   - (2) M&A検討プロセスの見直し　182
3. 支払ったプレミアム以上のシナジー効果の実現 …………… 184
   - (1) M&A検討プロセスの見直しの効果　184
   - (2) ポストディールの取り組みにおける留意事項　185
4. スタンドアローン問題克服のためのスキーム等の工夫 …… 188
   - (1) 売り手が分社化した事業の買収　188
   - (2) TSA/LTSAの利用　189
   - (3) アーンアウト　190

第3編　売り手側のカーブアウト戦略と準備

第1章
売り手側の譲渡価格交渉戦略 —— 192

1. 売り手側がカーブアウトで実現すべきこと …………………… 192
   - (1) 売り手側のカーブアウトの意義　192
   - (2) 売り手側にとっての譲渡価格の交渉レンジと戦略　192
2. 売り手側のカーブアウト戦略の欠如 …………………………… 195
3. 売り手側からみたカーブアウト事業のディスカウント要因 … 196
   - (1) 事業の収益性　196

(2)　共通サービスの代替コスト　198
　(3)　シナジー喪失　198
　(4)　買い手へのデータ提供不足　198
　(5)　買い手候補不足／交渉戦略の失敗　199

第2章
売り手側のカーブアウト準備　200

1　カーブアウト準備プロセス　200
　(1)　基本方針の策定　200
　(2)　カーブアウト戦略の立案　202
　(3)　資料作成　205
　(4)　売却交渉　205
　(5)　リストラクチャリングの実行　206

2　カーブアウト戦略の立案における留意点　206
　(1)　カーブアウトの範囲と定義　206
　(2)　オペレーション像の具体化　208
　(3)　想定する買い手と売却方法　209

3　売り手自身でのカーブアウト事業の評価　210

4　売り手側のカーブアウトスキームの工夫　212
　(1)　売り手側のカーブアウト実行へのハードルの克服　212
　(2)　TSA/LTSAの利用による現金回収　215

5　資料作成に関する留意点　215
　(1)　プロフォーマ財務情報の準備　216
　(2)　事業計画の作成　218
　(3)　運転資本にかかわる資料の準備　220
　(4)　設備投資にかかわる資料の準備　221
　(5)　部門間，グループ間，その他利害関係者との取引　221
　(6)　インフォメーション・メモランダムの作成　221

6　デューデリジェンスの受け入れに関する留意点　222
　(1)　情報の開示範囲　222
　(2)　マネジメント・プレゼンテーションの実施　224

カーブアウト型M&Aの意義と特徴

　カーブアウト型M&Aに他のM&Aとは異なった留意点があるのは，カーブアウトという取引形態そのものが持つ性格や特徴によるものである。

　まずは，カーブアウトとはどのようなものなのか，さらにはカーブアウトの中でもカーブアウト型M&Aとはどのようなものなのかを確認し，その特徴を考えてみたい。

第1章

カーブアウト型M&Aとは何か？

　カーブアウト型M&Aは，企業の選択と集中に欠かせないM&A手法であり，近年は日本企業も大規模なカーブアウト型M&Aを多数実行するようになっているが，その一方で，カーブアウト型M&Aの特徴を理解せず，一般の株式譲渡と変わらない意識で実行したため，M&Aに失敗している企業も数多い。

　本書では，カーブアウト型M&A特有のポイントを，実務的に，かつ財務的観点から定量的に見つめ直し，売り手と買い手双方にとってのカーブアウト型M&Aの交渉ポイント，そして，どのような事前調査や事前準備をしたらよいかを解説したいが，そのためには，まずはカーブアウト型M&Aの意義と特徴を考えてみたい。

1　カーブアウト型M&Aの意義

(1)　カーブアウトの意義

　カーブアウトとは，英語表記ではCarve outであり，直訳すると「切り出す」という意味である。カーブアウトは，経済用語としては，企業が戦略的に自らの技術や事業の一部を外部に「切り出す」ことを指す。

　技術とは，パテントなど知的財産権の場合もあれば，ノウハウを持った技術者の場合もある。

　事業は，「一定の営業目的のため組織化され，有機的一体として機能する財産」と定義され，企業や企業グループ内の組織と，当該組織に付随する財産と言えるであろう。ただし，事業とはこれら単なる資産，人材の集まりではなく，

それが組織化されることでプラスアルファの営業上の価値を生み出しているものである。「プラスアルファの営業上の価値」とは「のれん」という言い方をされることもある。

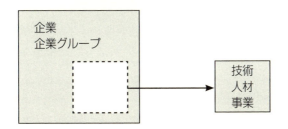

図表 1-1-1 カーブアウトとは？

「戦略的に」には，2つの方向が考えられる。一つは，「イノベーション」であり，もう一方は「選択と集中」である。

イノベーション型カーブアウトでは，企業に埋もれた技術，人材を独立させ，外部資本や経営資源を注入することで，新たな事業を起こし，あるいは事業の成長を加速させることが意図される。

イノベーション型カーブアウトの対象となるのは，パテント，知的所有権などの技術資産や，技術者など人材の場合もあれば，組織化された事業の場合もある。ただし，イノベーションが意図されている以上，事業といっても採算ベースに乗る以前の，シード段階やアーリー・ステージにある事業，ということになる。

イノベーション型カーブアウトの目的はイノベーションであるため，カーブアウトのスキームも，JV（ジョイント・ベンチャー）の設立や，ベンチャー・キャピタルなどの外部資本受入を含む場合もあれば，単なる分社化である場合もあり，必ずしも事業の所有の移転が起きるとは限らない。

一方，選択と集中型カーブアウトは，企業にとってのノンコア事業を外部に売却し，コア事業の成長に必要な投資のための資金を獲得するために行われる。

企業業績が悪化し過剰債務を抱えた企業が、有利子負債の圧縮のためにカーブアウトにより事業を売却するリストラクチャリングを行う場合があるが、このようなリストラクチャリング型カーブアウトも選択と集中型カーブアウトの一種と言って良いであろう。

選択と集中型カーブアウトの目的がコア事業のための投資資金の獲得である以上、必ず事業の所有権の移転と対価の授受が伴うことになる。また、カーブアウトの対象も、事業として成長を遂げキャッシュ・フローを生み出している、あるいは将来的に生み出す可能性が高い事業、ということになる。

(2) カーブアウト型M&Aの意義

本書においてテーマとするのは、「カーブアウト型M&A」である。

M&Aとは「事業の買収・合併」であるから、M&Aの対象となるのはあくまで「事業」であり、かつ、所有権の移転と対価の授受が伴うものである。カーブアウト型M&Aとカーブアウトの戦略的方向性との関係では、カーブアウト型M&Aは選択と集中型のカーブアウトであると言ってよいだろう。

したがって、カーブアウト型M&Aの意義は、「売り手である企業が、選択と集中のために、自らの事業の一部を外部に切り出して、買い手企業に売却すること」とまとめることができる。

イノベーション型カーブアウトの場合、必ず対価を伴う事業の移転が起きるとは限らず、かつ、既存の事業価値よりも、将来的な技術の発展の可能性を吟味することが圧倒的に重要であり、対価の授受があったとしてもM&Aというよりはベンチャー投資に区分されるケースが多いだろう。

ただし、何らかの既存事業の所有権が対価の授受を伴って移動するのであれば、その点はM&Aと同じ性格を持つことになる。

図表 1-1-2 カーブアウト型M&A

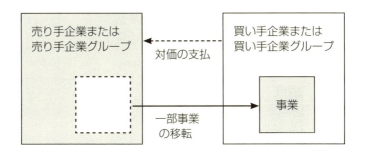

(3) カーブアウトの対象事業の定義

カーブアウト型M&Aの場合，カーブアウトの対象は事業となるが，全事業の譲渡をカーブアウトとは呼ばない。カーブアウトとは，あくまで企業の事業の一部を切り出すものである。では，企業の事業の一部を切り出すと言った場合，その「事業」とは具体的には何であり，どのように定義することができるだろうか？

① カーブアウト事業の組織

事業とは，「一定の営業目的のため組織化され，有機的一体として機能する財産」であるから，まずは，事業を企業内の一定の組織として定義することができる。カーブアウトされる事業が組織の面ではどのようなものなのか，【図表1-1-3 カーブアウトされる事業】のように，ある企業内部のA事業をカーブアウトする場合を例に考えてみよう。

企業は，通常は事業に直接携わる直接部門と，当該事業部門を間接的に支援する間接部門に分かれている。

カーブアウトされる事業は，通常はA事業部門のような直接部門である。売上を上げ，収益を獲得しているのは直接部門であるから当然である。

経営陣，経営企画など全般的な経営を担うコーポレート部門や，購買，研究開発などの後方支援部門，管理サービスを行う経理，人事，法務などの管理部

図表1-1-3 カーブアウトされる事業

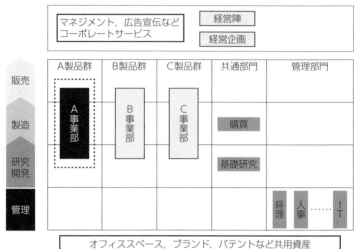

　門は，カーブアウトされる対象事業に機能，サービスを提供しており，対象事業にとって必要な組織であるが，カーブアウトされない他の事業部にもサービスを提供している共通部門であるから，通常はカーブアウト範囲には含めない。
　コーポレート部門，後方支援部門，管理部門などの共通部門をカーブアウトしてしまうと，B事業部門，C事業部門に必要なサービスも提供できなくなってしまうからである。
　ただし，かならずしも分離元の企業内にある組織に沿って，カーブアウト対象が決定されるわけではない。例えば，研究開発部門や購買部門などの後方支援部門の一部，あるいは経理部など管理部門の一部がA事業の業務を専ら行っている場合には，カーブアウトにあたっては当該部分を加えるなど，必要ならば企業内の組織とは離れて自由にカーブアウトする組織の範囲を決めることができる。
　また，さらに言えば，組織とは人の集合体であるから，基本的には誰をカーブアウト対象の組織に含めるか，各人別のレベルで自由に設定が可能というこ

とになる。

　また，直接に売上を計上している事業部門ではなくても，研究開発部門が欲しいという買い手が見込まれるのであれば，後方支援部門など一定の機能を果たしている部門をカーブアウト対象とすることもあり得るであろう。

　要は，企業内の組織は，たまたま企業内の経営管理上の要請によって決められているだけであるので，第三者から見て「組織化され，有機的一体として機能する」ことをはずさなければ，カーブアウトの範囲は自由に決定可能である。

② カーブアウト事業の資産・負債と契約

　「一定の営業目的のため組織化され，有機的一体として機能する財産」という事業の定義から，①で検討した組織以外にも，カーブアウト事業の定義には財産面からの検討が必要となる。

　事業における財産とは具体的には，事業を行うための資産・負債，契約，人の3つである。このうち，人については，①で検討した人の集合としての組織と読み替えることができるだろう。すると，切り出される人の集合である組織以外に，カーブアウト事業の定義のためには，切り出される資産・負債と契約の特定が必要ということになる。

　人＝組織については，カーブアウト事業とは対象の範囲が異なるにしても，企業内において経営管理上の組織，グループが分けられているのが通常であるが，資産・負債や契約は，人＝組織のように明確に区分されていることは少ない。

　資産・負債や契約を，企業内で組織ごとに明確に区分しているのは，カンパニー制のように擬制的に社内分社を行っている企業のみであり，通常は，減価償却費の負担のために部門ごとに固定資産の部門ごとの割り振りがある程度で，その他の資産は事業区分によって区分していないのが実情である。

　契約についても同様であり，事業に関連する財産の区分が不明瞭である点が事業をカーブアウトする際の盲点となり得る。

③ オペレーションの観点からの事業の定義

事業とは「一定の営業目的のため組織化され，有機的一体として機能する財産」であり，「有機的一体として機能する」＝キャッシュ・フローを生むオペレーション・プロセスを持ち，「一定の営業目的のために組織化され」た「財産」＝経営資源である。

前項までで述べた資産・負債，契約，人（組織）からのカーブアウト事業の定義は，カーブアウト事業を，経営資源の面から述べたものである。しかしその経営資源の裏側にあるのは，当然のことながらキャッシュ・フローを生み出すオペレーション・プロセスであり，事業を定義するということはこのオペレーション・プロセスを定義することに他ならない。

経営資源が生み出しているオペレーション・プロセスと，経営資源そのものは表裏一体の関係にあり，オペレーション・プロセスの定義から経営資源が定義され，また，逆に経営資源の定義からオペレーション・プロセスが定義される関係にある。

すなわち，カーブアウト事業の定義・範囲を考えるにあたっては，カーブアウトするオペレーション・プロセスを検討し，当該オペレーション・プロセスからカーブアウトする経営資源をいったん定義するとともに，今度は逆方向から，定義されたカーブアウトする経営資源から想定されるオペレーション・プロセスを検討し，カーブアウトする経営資源と妥当性を再吟味するという両方向の検討が必要となる。

④ 事業の法律上の位置付け

一般的には，「事業」とは，営業活動を行う企業内部の組織・財産の一部を指すものである。そして，カーブアウト対象の事業についても，多様な営業活動を行う企業内部の特定の一部分として説明してきた。

事業の定義で述べた「一定の営業目的のため組織化され，有機的一体として機能する財産」は，会社法上の事業の定義として定められているものである。そして，これらの事業をカーブアウトする場合には，事業譲渡などの手続が行

図表 1-1-4 カーブアウト事業の経営資源とオペレーション・プロセス

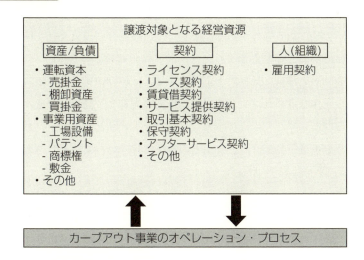

図表 1-1-5 カーブアウト事業の類型～企業内の事業

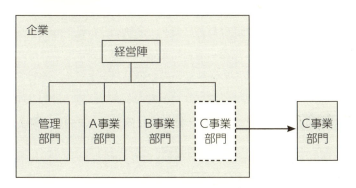

われることになる。

　ところが，現代の企業では，企業単体で営業活動を行っているケースはむしろ稀であり，複数の子会社を設立し，複数会社群からなる企業グループとして事業を行っているケースが大半である。近年では純粋持株会社制を敷き，親会社は経営管理機能しか持たず，実際の事業は子会社で行っている企業グループ

も多い。

　このような企業グループでは，カーブアウトの対象となる事業の一部が，特定の事業子会社である場合がある。そして，この場合に当該会社の株式を企業グループの外部に売却することも，カーブアウトである。

　事業子会社の売却は，会社法上定める事業とは趣旨が異なるものの，企業グループから全体を眺めれば，企業内部の事業の売却と，経営上の意義は全く変わるところがない。

　このような事業子会社は，会社法上の事業に対して，広義にとらえた場合の事業と言える。

　以上のように，カーブアウトによる切り出しの対象は，具体的には企業内の事業である場合もあれば，子会社株式である場合もある。また，その両方，事業と子会社株式の組み合わせでカーブアウトが行われることも稀ではない。

　なお，本書において今後カーブアウト型M&Aについて解説するにあたっては，特に断りがない限りは，会社法上の定義にしたがった狭義の事業をカーブアウトする場合について解説していくことにする。

　カーブアウト対象が，狭義の事業なのか，会社なのかによって，端的に言えば，カーブアウトの範囲の定義が別途に必要なのか，会社であれば会社の事業や財産の範囲が明確であるため必要ないのかの違いが生じる。そして，狭義の

図表1-1-6 カーブアウト事業の類型〜企業グループ内の事業子会社

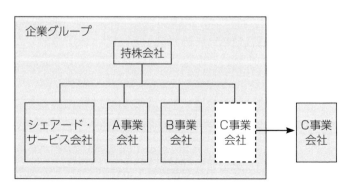

事業をカーブアウトする方がより考えるべき問題,課題が多くあるため,狭義の事業のカーブアウトを解説すれば,会社をカーブアウトする場合については,その応用で考えられる。

(4) カーブアウトの取引スキーム

カーブアウト型M&Aは,M&Aである以上,売り手から買い手へ,カーブアウト対象事業の譲渡が行われる。譲渡には対価が伴うわけであるが,M&Aにおいて譲渡の対価は,通常,現金もしくは買い手側の株式である。

前項において,カーブアウトによる切り出しの対象が,企業内の事業である場合もあれば,事業子会社である場合もある,と述べた。カーブアウト型M&Aでは,譲渡対価と,カーブアウト対象のマトリクスによって,次のような取引スキームが考えられる。

以上は,代表例であるが,例えば会社分割(吸収分割)や,合併の場合でも対価を現金とすることが可能である。また,事業の譲渡の場合でも,いったん買い手が新設分割により子会社を設立した後に,当該子会社株式を譲渡するなど様々な派生スキームも考えられる。

手続論以外で,M&Aの売り手と買い手の交渉およびM&Aに関する契約の締結上,取引スキームによって影響を受けるのは,権利義務関係の移転が包括的なものなのか,個別に移転されるかである。

事業譲渡など譲渡対象が事業の取引は,アセットディールと言われ,基本的

図表 1-1-7 カーブアウトの取引スキーム

譲渡対象	譲渡対価	取引スキーム
事業	現金	事業譲渡
事業	買い手側株式	会社分割(吸収分割)
(子会社)株式	現金	株式譲渡
(子会社)株式	買い手側株式	株式交換 合併

には売り手と買い手の同意により権利義務関係が個別に移転するため，買い手側としてみれば個別に同意した財産や契約関係しか移転しない。一方で，譲渡対象が個別に決められるため，事業の安定的な運営や，将来の成長に必要な経営資源が譲渡対象に含まれていないリスクも内包していることになる。

　株式譲渡など譲渡対象が株式の場合には，ストックディールと呼ばれ，会社の全ての財産，債務，権利義務関係が買い手に移転することになるため，事業継続に必要な資産が対象外となっているリスクは小さいが，逆に，買い手側が想定していないオフバランス債務などが譲渡対象に含まれているリスクがアセットディールに比べると大きい。

　本書はM&Aスキームの検討を趣旨とするものではないため，特に断りがない限りは最も一般的なカーブアウト取引形態である事業譲渡を前提に解説を進めるが，取引スキームの持つ法的な性格は常に頭に入れ，必要に応じて相手との契約交渉に臨まなくてはならない。

(5) カーブアウト型M&Aの買い手

　M&Aには売り手と買い手が存在する。カーブアウト型M&Aの場合，売り手は一部事業を売却するからには常に事業会社であるが，買い手には，事業投資家と金融投資家の2種類が考えられる。

　事業投資家はコーポレート・バイヤーとも呼ばれ，事業を営む一般企業を指し，買収の目的は，自らの既存事業と買収事業に相乗効果をもたらして，企業グループ全体を成長させることにある。

　一方，金融投資家は，具体的にはプライベート・エクイティ・ファンド，MBOファンドや，ベンチャー・キャピタルをはじめとしたファンドが代表例であり，自らは事業を営んでおらず，買収後に投資対象を何らかの方法でバリューアップした後，再び売却して転売による利益を獲得することを目的としている。

　M&A一般に，事業投資家が買収事業との自ら営む事業の相乗効果（＝シナジー）を見込めるのに対し，事業を営んでいない金融投資家の場合には相乗効

図表1-1-8 カーブアウト型M&Aと買い手

【買い手が事業投資家の場合】

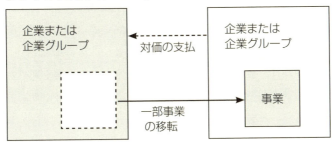

【買い手が金融投資家の場合】

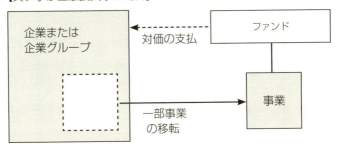

果は見込めないと言われる。

カーブアウト型M&Aの場合には，事業の相乗効果の問題の他に，スタンドアローン問題と呼ばれるカーブアウト特有の問題があり，切り出されたカーブアウト事業が，そのまま単独では事業を継続できないことがほとんどである。

スタンドアローン問題への対処にあたっては，買い手が事業投資家であるか，金融投資家であるかが，より大きな意味を持つ。そのため，カーブアウト型M&Aにおいては，通常のM&A以上に買い手が事業投資家であるのか，金融投資家であるかが大きな意味を持つことになる。

(6) 買い手にとってのカーブアウト型M&Aの意義

カーブアウト型M&Aの売り手における戦略的意義は，基本的には選択と集

中にあると述べた。では，カーブアウト型M&Aで買い手となる側の戦略的な意義は何だろうか？

買い手にとって，カーブアウトによる買収の意義は，一言で言えば，企業を丸ごと買収する場合に比べ，チェリーピック（いいとこ取り）が可能だということである。

事業会社であれば，自らの管理部門が既にあるから，企業を丸ごと買収すると，少なくとも管理部門については重複してしまう。買収後にリストラクチャリングを実施しないと過剰な固定費を抱えることになるし，リストラクチャリングの実施には痛みも伴う。

管理部門を除いた事業だけを買収できれば，自らの管理部門に規模の経済も働き，効率的な企業経営が可能となる。

また，現代の企業は企業内，あるいは企業グループ内で多種多様な事業を行っているのが通常である。自らに足りない，あるいは自らの事業と相乗効果を生む事業をM&Aにより買収しようとした場合，企業，あるいは企業グループを丸ごとでは，自らの事業とは相乗効果のない不必要な事業を抱え込んでしまうことになる。

買い手も選択と集中という戦略に沿ってM&Aを実行しようとする場合，カーブアウトされる特定の事業のみを買収する必要があるのである。

2　組織類型ごとのカーブアウト例

以上，カーブアウト型M&Aとは何か概要を見てきたが，実際に事業がどのように切り出されるのか，企業または企業グループの組織類型ごとに見てみたい。

(1) 事業部制組織での例

事業部制組織は，製品別，あるいは地域別などに事業部が設けられ，事業運営における相当の権限と責任が事業部のトップに与えられている組織形態であり，事業の自律性が高い組織形態である。

事業部制組織については，販売部門の他，製造部門や設計部門も事業部ごとに分かれている場合が多く，いわゆる現業部門は事業ごとに組織が分かれている。

　一方，管理部門などバックオフィスは，一部が事業部に属している場合もあるが，各事業部共通である場合が多い。基礎研究開発部門や，購買部，品質管理部などのミドルオフィスは，事業部ごとに設置されている場合もあれば，共通部門として設置されている場合もある。

　【図表1-1-9　事業部制組織からのカーブアウト】の例では，製品群ごとにA，B，Cの3つの事業部が設定されている。それぞれの事業部は，販売部門，製造部門，設計部門は完全に独自の機能として持っているが，購買部門，基礎研究部門などのミドルオフィスは共通部門として各事業部を支援している。管理部門も全社共通部門である。

　図表の例では，事業部のうちA製品を扱うA事業部をカーブアウトすること

図表1-1-9　事業部制組織からのカーブアウト

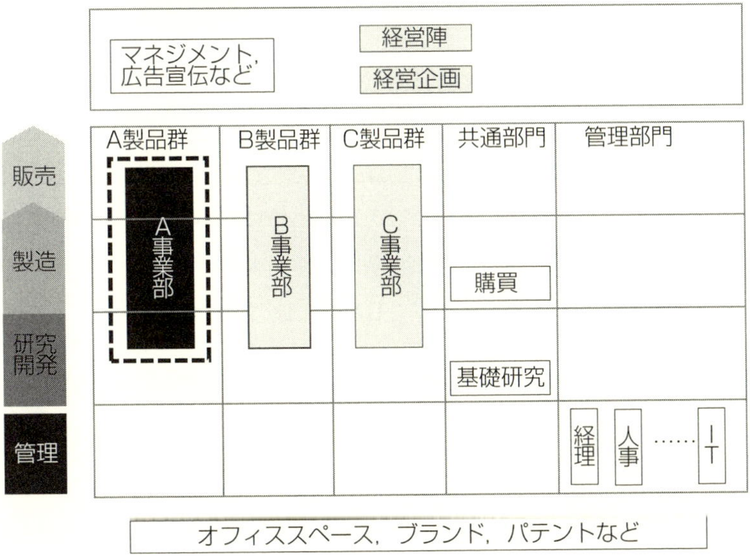

を想定している。A事業部には販売部門，製造部門，設計部門があり，設計，製造，販売に至る機能は持っているものの，ミドルオフィス，管理部門は他事業部との共通部門であるため，カーブアウトされない。

(2) 機能別組織での例

　機能別組織は，営業，製造，研究開発，人事，経理，総務などの機能別に編成された組織である。機能別組織においては，事業部制のように利益管理責任を負う部門はなく，全社が一つの利益管理責任単位となっているため，通常は事業が意識されることはないが，売上および粗利は事業別に管理されているのが通常である。

　このような機能別組織から事業をカーブアウトする場合には，営業，製造，研究開発など機能別に分かれた部門から，それぞれ特定の事業の担当グループあるいは担当者を抜き出し，切り出すことになる。

　【図表1-1-10　機能別組織からのカーブアウト】においては，A～Cの3つの製品群が取り扱われており，A製品事業として，営業，工場，購買，設計部門については事業ごとの専任担当が存在するためまとめて事業として切り出し，基礎研究を行う研究開発部門，管理部門については特にA製品事業の担当者はいないため，カーブアウトの範囲には含められていない。

(3) カンパニー制組織での例

　カンパニー制組織は，事業部制組織の事業の自律性をより高め，社内にあたかも独立した会社があるかのように擬制した組織形態である。通常は，ミドルオフィス機能を含めて事業として完全に独立した機能を持ち，かつ，各カンパニーで，経理機能，人事機能をはじめとしたバックオフィス機能などをある程度備えているのが通常である。カンパニー制組織に特徴的なのは，カンパニーごとに貸借対照表を持ち，投下資本の効率性の管理責任もカンパニーに負わせている点である。

　【図表1-1-11　カンパニー制組織からのカーブアウト】では，Aカンパニー

第1章　カーブアウト型M&Aとは何か？ ◆ 17

図表1-1-10 機能別組織からのカーブアウト

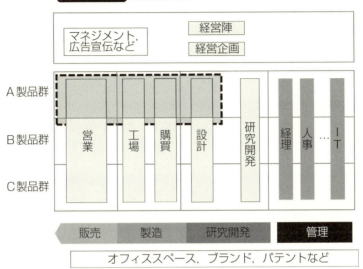

図表1-1-11 カンパニー制組織からのカーブアウト

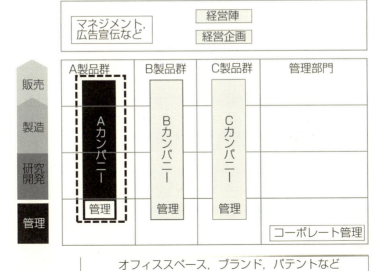

をカーブアウトすることを想定している。Aカンパニーは，管理部門以外は完全に独立した機能を持ち，管理部門についても一部の機能を持つ。ただし，全社コーポレート機能などの管理部門，全社の戦略決定・マネジメントなどの機能は持っていない。

カンパニー制組織は，主として大企業において採られている組織であり，かつ，いくつかの事業群をまとめて一つのカンパニーとしている例が多いため，一つのカンパニーがカーブアウト対象事業となる例はあまりないかもしれない。

(4) 持株会社制組織での例

持株会社制は，カンパニー制のように社内分社ではなく，各事業を実際に分社化し，持株会社が各事業を管理しているグループ組織形態である。

持株会社には，自ら事業も行う事業持株会社と，自ら事業は行わずグループ

図表 1-1-12 持株会社制組織からのカーブアウト

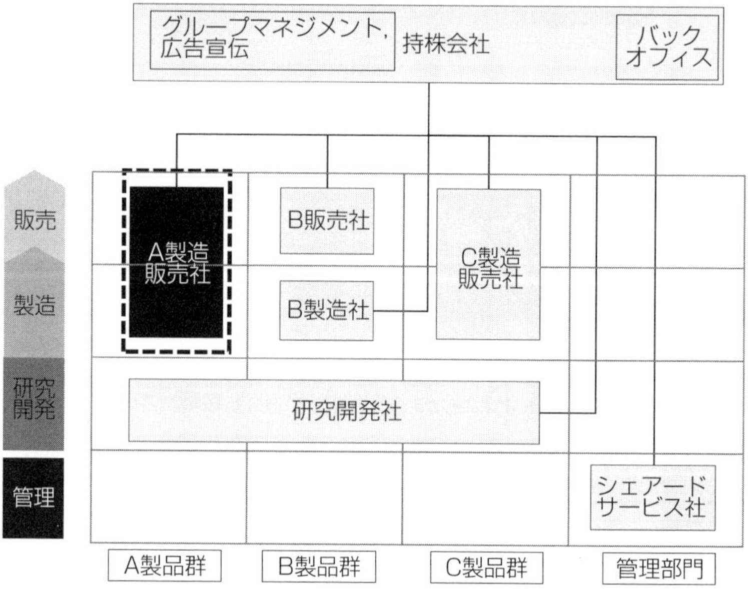

経営に専念する純粋持株会社の場合がある。バックオフィス機能は，通常，各事業会社が保有するが，持株会社が保有して事業会社にサービス提供をする場合もあれば，各事業会社共通のバックオフィス機能シェアードサービス会社が子会社として存在する場合もある。

【図表1-1-12　持株会社制組織からのカーブアウト】では，持株会社傘下でA製品の製造販売を行っている事業会社であるA製造販売社がカーブアウトされることが想定されている。A製造販売社は，製造販売機能しか持たず，研究開発機能は別の事業子会社である研究開発社により提供されている。また，管理部門サービスはシェアードサービス社によって提供されている。したがって，カーブアウト対象には，研究開発機能や，管理機能は含まれていないことになる。

第2章

カーブアウト範囲の特定

　カーブアウト型M&Aの意義は,「売り手である企業が,選択と集中のために,自らの事業の一部を外部に切り出して,買い手企業に売却すること」と述べたが,カーブアウトをカーブアウトたらしめているのは,譲渡対象が事業の一部であることである。

　したがって,カーブアウト型M&Aにおいては,事業の一部がどのような範囲であるかが常に問題となり,最終的には売り手と買い手がその範囲について合意しなければならない。

　カーブアウト事業の定義を踏まえ,もう少し詳細にカーブアウト事業の範囲について考えてみたい。

1　カーブアウト範囲の特定の考え方

　狭義の事業は,①資産・負債,②契約,③組織・人,④オペレーション・プロセスによって,定義されると述べた。このうち,④オペレーション・プロセスは契約上の厳格な定義は困難であるため,事業譲渡契約などで厳格に事業の範囲を特定する場合には,①資産・負債,②契約,③組織・人という譲渡される経営資源の個別の特定によって行う。

　まず,組織・人であるが,仮に事業部制やカンパニー制が敷かれ,部門が企業内で分かれていたとしても,その部門は客観的に定義されているわけではないので,常に個別に組織・人を特定することが必要となる。

　次に,資産・負債,契約についてであるが,資産・負債・契約は企業内部においては事業を行う部門に必ずしも明確に結びつけられているわけではない。通常

は，企業内部で事業別の管理が行われていることはむしろ少なく，他事業との共用資産も多くあるため，事業に属する資産・負債，契約と言ってもあいまいなものでしかない。

したがって，事業主がカーブアウトする場合，自動的に事業に属する資産・負債，契約が特定されることはなく，売り手側がカーブアウト事業に含める資産・負債，契約を検討していないと，買い手との交渉のたたき台も無い状態ということになる。

また，組織・人も含め，必ずしも事業に必要な経営資源をもらさず全部譲渡対象とする必要はない。仮に，必要な経営資源が一部欠けていても，買い手が自社の経営資源や新規投資によって代替できるのであれば，全く問題とならない。

したがって，譲渡対象の経営資源の範囲については，もちろん基本的には事業の遂行に必要な経営資源であるかを踏まえ検討が行われるのであるが，売り手と買い手の事情を踏まえ，最終的には両者の交渉によって決まることになる。

例えば，売り手側にしてみれば，本社のオフィススペースなど，譲渡対象とする事業と，譲渡対象外の事業に共通に使用している資産が必ずあるから，譲渡事業に必要だからと言って全てを譲渡してしまえば，譲渡対象以外の事業の運営に支障をきたしてしまう。

また，買い手側にしても，本社のオフィススペースなどは自らが提供するため不要の場合もあるし，自らが提供できなくても買収後の設備投資により補完できるのであれば，どうしても譲渡対象とする必要性はない。

このように，譲渡対象とする経営資源の範囲については，画一的，あるいは客観的に決まるものではなく，常に，売り手がカーブアウト事業売却にあたっての範囲を検討した後，最終的には買い手との個別交渉によって決定されることになる。

2 カーブアウトされる組織・人の範囲

企業にとって，資産・負債や，契約などのモノよりも，人がより重要な経営

資源であることが多いことには異論がないであろう。また、事業のオペレーション・プロセスとは人が行っているものであるから、移管される組織・人の範囲が、譲渡される事業のオペレーション・プロセスの主要な範囲、性格を決定することになる。

　移管される人の範囲の決定にあたっては、組織上での各部署の機能を確認しながら、どのような機能を果たしている部署を譲渡の対象とするか特定しなくてはならない。

　また、カーブアウトする範囲については、必ずしも既存の企業内の組織の枠にこだわる必要はない。例えば、研究開発部門は全社共通部門であるが、その中の一部は譲渡対象の事業の研究を専ら行っていて、当該人材が譲渡事業の範囲でないと事業の価値が落ちるなどということは良くあることである。

　また、キーパーソンと言われるような事業遂行に欠くべからざる個別特定の人材が存在する場合も多い。そのような場合には、どの部署から何名、ではなく、固有名詞による人材の特定が求められる場合もある。

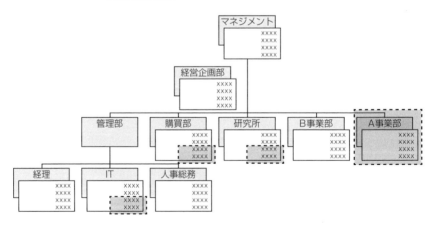

図表 1-2-1　譲渡対象の組織・人の範囲

　なお、人の移管とは、具体的には雇用契約が移管されることを意味する。基本的には雇用契約を本人の了承なしで移管することはできないから、売り手と

買い手企業間で移管人員の範囲を合意しても，従業員が同意するとは限らない。その点をどのように契約上織り込むかは，カーブアウト型M&Aにおける重要な検討ポイントとなる。

③ カーブアウトする資産・負債の範囲

カーブアウト資産・負債の範囲の検討においては，まず，カーブアウト事業に固有の資産なのか，あるいは他事業との共用資産であるのかが重要な要素となる。カーブアウト事業の固有資産であれば，譲渡しても他事業に影響は出ないが，共用資産であれば他事業に影響が出てしまうため，通常は譲渡することができないからである。

次に，資産，負債の種類によっても，譲渡資産，負債の範囲における意味合いが異なる。

企業の貸借対照表に載っている資産・負債は，カーブアウトに限らず，M&Aを検討する上では一般に大きく3つの種類に分けて考えることができる。それは，1）事業用資産，2）運転資本，3）純有利子負債（Net Debt）であり，譲渡対象とすべきか否かについて，これら資産の種類ごとに考慮するポイントが異なる。

図表1-2-2 資産・負債の種類

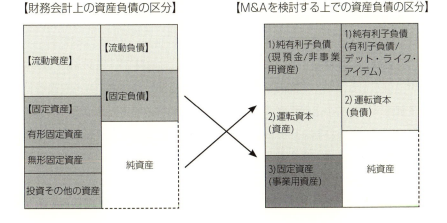

(1) M&A検討上の資産・負債の分類

　企業の資産・負債は，財務会計上は，流動資産，有形固定資産，無形固定資産，投資その他の資産，流動負債，固定負債などの分類によって貸借対照表に計上されているが，M&A検討上の資産・負債の分類は事業価値の評価を踏まえた分類である。

　買い手側としては，最終的にはカーブアウト事業を一定金額で買収するのであり，事業価値の定量的評価は避けて通れない。そして，資産・負債が価値評価にどのような影響を与えるかによって，一定のグループ分けが可能である。

　価値評価にどのような影響を与えるかについては，DCF法による評価を念頭に考える。検討に必要な情報が十分にそろっている場合には，DCF法による事業価値の評価が最も理論的であり，DCF法を念頭に資産・負債を検討することで，より直接的に，系統だって資産・負債の分析を行うことができる。

　もちろん事業価値の評価をDCF法によって行わない場合もあるが，仮にそうであっても，分析のアプローチとしての有効性が失われるものではなく，他の評価方法をとっている場合にも分析結果を効果的に価値評価にフィードバックすることができる。

　具体的には，資産・負債を，主として1）事業用固定資産，2）運転資本，3）純有利子負債およびデット・ライク・アイテムに分けて考える。ここでは，事業譲渡などカーブアウト型M&Aに限定せず，まずはM&A一般において資産・負債をどのようにグルーピングして考えるべきか解説したい。

① 事業用固定資産

　事業用固定資産は，有形固定資産，無形固定資産，投資その他の資産などの固定資産で，事業の用に供している資産である。

　固定資産に計上されていても，遊休不動産や，売却可能な投資有価証券などは事業用とは言えず，事業用固定資産ではなく非事業用資産として考える。

　DCF法による評価を念頭に置けばわかりやすいが，事業用固定資産に関しては，基準日時点の簿価ではなく，将来の追加的な設備投資額のみが将来フ

第 2 章 カーブアウト範囲の特定 ◆ 25

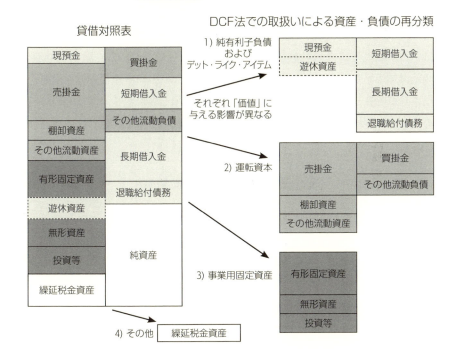

図表 1-2-3 資産・負債の再分類

図表 1-2-4 資産・負債の種類とDCF法での取扱い

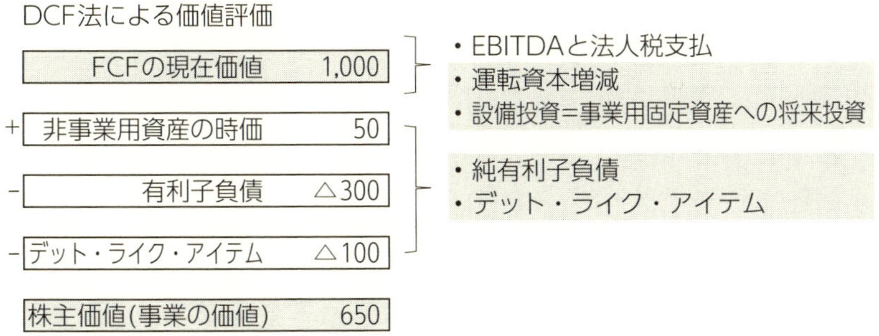

リー・キャッシュ・フローおよび価値評価に影響を与えることになる。貸借対照表上に計上されている事業用固定資産簿価は，過去に現金支出した投資の結果を示しているのみで，価値評価には直接的な影響を与えない。

したがって，事業用固定資産に関連して本当に重要なのは，減損の不足や，減価償却不足があるか否かなどの財務的な分析よりも，事業に必要な資産が充足されており，追加投資の必要はないのか，将来必要な投資水準はどの程度なのかなど，事業面からの現状設備分析と将来設備投資水準の検討ということになる。

図表 1-2-5 事業用固定資産の例

事業用資産	・有形固定資産 ・無形固定資産 ・実施許諾権 ・特許権 ・電話加入権 ・ソフトウェア ・投資有価証券長期前払費用 ・長期貸付金 ・ゴルフ会員権 ・保険積立金 ・敷金保証金

② **運転資本**

運転資本は，売上債権，棚卸資産などの運転資本と，購買債務など運転負債の純額であり，事業の遂行に際して投下される運転資本投資である。

基準日から将来に向かっての運転資本の増加は，運転資本への追加投資を意味し，キャッシュアウトとなるため，将来のフリー・キャッシュ・フローに影響を与えることになる。

運転資本・負債には，未収入金，前払費用，立替金，未払金，未払費用，未払消費税等など，事業に関連して恒常的に一定の残高があるその他流動資産・負債を広く含めて考えるべきである。

引当金には，考え方によっては運転資本と考えてよいものがある。例えば，事実上の未払金の性格を持つ賞与引当金などである。退職給付引当金を含めたその他の引当金については，実態と考え方次第で運転資本の一種ととらえる場合と，後述するデット・ライク・アイテムととらえるべき場合とが考えられる。

図表1-2-6 運転資本の例

運転資本	・受取手形 ・売掛金 ・棚卸資産 ・前払費用 ・未収入金 ・立替金 ・貸付金(事業に関連するもの) ・仮払金
運転負債	・支払手形 ・買掛金 ・未払金 ・未払費用 ・未払消費税等 ・賞与引当金 ・預り金 ・(その他引当金)

③ 純有利子負債およびデット・ライク・アイテム

純有利子負債およびデット・ライク・アイテムは，DCF法において，フリー・キャッシュ・フローの現在価値である事業価値から控除される債務であり，基準時点における残高が，価値評価に直接的な影響を与える資産・負債である。

純有利子負債は，有利子負債と，非事業用資産に分解することができる。有利子負債は，その名の通り金融機関等からの借入金，社債，リース債務など，利息費用が発生する外部からの資金調達に係る債務である。

非事業用資産は，現預金と，有価証券や，遊休不動産など事業の用に供して

おらず，売却して現金化することが可能な資産である。非事業用資産を現金化すれば有利子負債の返済に充てることができるため，有利子負債と非事業用資産の純額を純有利子負債と呼んでいる。

図表1-2-7 純有利子負債に区分される資産・負債

非事業用資産	・現預金 ・有価証券 ・投資有価証券(事業に関連しないもの) ・貸付金(事業に関連しないもの) ・遊休不動産 ・ゴルフ会員権(事業に必要のないもの) ・保険積立金(事業に関連しないもの)
有利子負債	・借入金 ・社債 ・リース未払金 ・割引手形 ・コマーシャルペーパー

　デット・ライク・アイテム（Debt Like Item）とは有利子負債類似債務であり，有利子負債ではないものの，価値評価上，事業価値から差し引いて考えるべき債務を指し，退職給付に関する過去勤務債務や，訴訟債務などが典型例である。

　借入金のように利息を支払って調達しているわけではないため有利子負債ではないが，将来的に決済のための現金支出が必要なことから，価値評価上は事業価値から差し引いて考えるべきであり，取扱いとしては純有利子負債と似ているためデット・ライク・アイテムと呼ばれる。

　なお，例えば買掛金も将来の現金決済が必要な債務であるが，買掛金は事業を継続する限り常に回転し，一定の残高が維持されるが，有利子負債類似債務（デット・ライク・アイテム）は，比較的近い将来に決済され，その後は残高がなくなってしまうような債務が想定されている。

したがって，ある債務について短期で回転し残高が恒常的に維持されるのであれば，運転資本（債務）ととらえることが適当であるし，また，長期にわたって決済されず残高が維持されるのであれば，価値評価上必ずしも価値評価から差し引く必要はない。退職給付債務なども，過去勤務債務はやがて決済され，解消されるとの仮定が通常は適切であるが，恒常的に運転負債のように残高が維持される部分については，有利子負債類似債務（デット・ライク・アイテム）ではなく，運転資本と考えることが妥当である場合がある。

また，有利子負債類似債務（デット・ライク・アイテム）は，貸借対照表に計上されているとは限らず，貸借対照表には計上されていないオフバランス債務となっている可能性もある。例えば訴訟債務など偶発債務は，確率が相当程度高くない限りは，未払金として負債には計上されないのが一般的であろう。

また，現時点は債務とはなっていなくとも，将来発生してキャッシュアウトが想定される特別損失もデット・ライク・アイテムととらえられる。

④ その他資産・負債

その他の資産・負債は，上記①～③にあてはまらない資産，負債であり，代表例は繰延税金資産・負債，のれん，引当金などである。

繰延税金資産は，将来の税金支出，あるいは税金支出の抑制の効果を財務会計上の会計基準に従って見積もったものである。DCF法を念頭に置いた場合には，将来の税金支出については，事業計画モデルにおいてより直接的な見積

図表1-2-8 デット・ライク・アイテムの例

デット・ライク・アイテム	・退職給付に係る負債 ・退職給付引当金 ・預り保証金 ・資産除去債務 ・その他引当金 ・訴訟債務 ・その他の偶発債務 ・将来の特別損失

りを行うことから、財務会計上の繰延税金資産・負債の残高を検討することに価値評価上の意味はあまりない。

また、のれんについても、貸借対照表に計上されるのれんは、譲渡対象となった事業、あるいは株式の資産・負債の公正価値評価額と、譲渡対価の差額を、財務会計上の技術的な要請により計上している資産であり、のれんを検討することに価値評価検討上の意味はないため、その他の資産・負債と考えることが適切であろう。

引当金については、財務会計上の要請によって貸借対照表に計上されている負債であり、法律上の負債ではない。引当金に関しては、将来的な何らかのリスク＝現金支出の可能性から計上を要請されているものであるため、その一部は、デット・ライク・アイテムであるとも考えられるし、退職給付引当金などは運転資本と同等に考えることができる場合もある。引当金計上の原因となっている事実関係から、ケース・バイ・ケースで性格を検討すべきである。

図表1-2-9 その他資産・負債の例

その他資産	・繰延税金資産 ・のれん
その他負債	・繰延税金負債 ・引当金

(2) カーブアウトにおける資産・負債の範囲

以上のように、資産・負債の種類によって、譲渡後に売り手と買い手に与える影響が異なることから、カーブアウトの範囲の検討にあたっては、資産・負債の種類を考慮しなくてはならない。

① 純有利子負債

純有利子負債は、事業との関連は基本的にはなく、仮に譲渡対象としても、純有利子負債分の譲渡対価が上下するのみであるから、通常は譲渡対象とされ

ることはない。

　譲渡対象とされるのは，会社分割において分割比率の調整のため譲渡範囲に含められる場合など，特殊な状況に限定される。

② 事業用資産

　事業用資産は，売り手側企業の過去の設備投資の結果蓄積されてきたものであり，事業用資産がないと，事業の運営に支障をきたすことになる。事業を譲渡する場合には，原則として全ての事業用資産を譲渡対象に含めることが望ましい。

　事業用資産の一部が，共用資産であるなどの事情により譲渡対象に含められていない場合，買い手は自らの経営資源で代替するか，新規設備投資を行うことで当該資産の機能を補完する必要がある。

③ 運転資本

　事業用資産と同様，運転資本は事業運営上必ず必要ではあるが，運転資本の多くは金銭債権債務であって当該事業に固有の資産負債ではなく，仮に譲渡されなくとも買い手側があらためて運転資本投資を行うことが可能である。したがって，譲渡対象とすることも，譲渡対象としないこともあり得る資産・負債である。

　実務上は，当該金銭債権債務の決済を買い手で行うのが容易か，売り手が行うのが容易か，という事務手続の容易さで判断されることが多い。ただし，棚卸資産については，事業用資産のように当該事業固有の資産であることが多く，譲渡対象となる場合が多い。

④ その他資産・負債

　その他の資産・負債は，繰延税金資産・負債，のれん，引当金など，財務会計上の要請から貸借対照表に計上されている資産・負債が多く，通常は譲渡対象とはならない。

ただし、デット・ライク・アイテムと考えられる引当金など、直接の譲渡対象負債ではなくとも実質的にリスクが移転する場合もあり、ケース・バイ・ケースで内容を検討すべきである。

4 カーブアウトする契約の範囲

契約も経営資源の重要な一部であり、譲渡する契約の範囲を決定する必要がある。

事業の遂行に必要な契約は、例えばライセンス契約、リース契約、サービス提供契約、顧客や取引先との取引基本契約、賃貸借契約、保守契約など多種多様な契約が考えられる。

契約は、経営資源というだけではなく、サービスの提供契約や、製品保証契約については、サービス提供義務や、アフターサービス義務という債務の移転も意味することになる。

契約についても、事業に固有の契約なのか、他事業部と共有のものなのかは、重要な視点である。売り手側は、全社的に締結している契約については、通常その地位を譲渡することはできない。

また、契約を譲渡する、ということは具体的には契約者の地位を売り手から買い手に移転するということであるが、原則として契約の相手方である第三者の同意が必要となる。

契約者の地位を譲渡するよりも、新規に買い手が契約を締結する方が合理的である場合もあるから、事業に必要な契約を全て移転する必要はなく、買い手がカーブアウト事業を承継した後に必要な契約関係を実質的にどのように引き継ぐのか、という視点で考えることになる。

5 カーブアウトされるオペレーション・プロセス

カーブアウトされる資産・負債、契約、組織・人の経営資源と、当該経営資源を利用したキャッシュ・フローを生むオペレーション・プロセスは表裏一体のものであるから、カーブアウト事業の範囲を経営資源の範囲から特定したな

図表1-2-10 カーブアウトされるオペレーション・プロセス

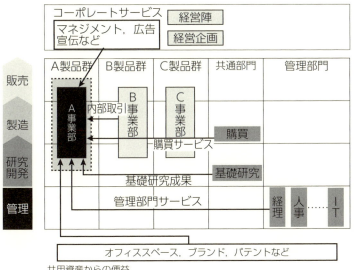

らば，その裏側にあるオペレーション・プロセスがどのように想定されているのか，必ず検証してみる必要がある。

あるいは，本来，カーブアウトするオペレーション・プロセスの特定があって初めて，カーブアウトされる経営資源が特定されると言う方がより正しい表現である。

カーブアウトされる事業は，カーブアウトされない売り手の他の部門，経営資源から，通常様々なサービス・機能の提供を受け，あるいは取引を行っている。想定しているカーブアウトされる経営資源の範囲において，事業のオペレーション・プロセスはどのようなものになっているのか，あるいはそもそもどのようなオペレーション・プロセスの分離を想定しているのか，実際の事業活動の業務フローに沿って検討することが必要である。

6 会社の譲渡（株式譲渡）の場合の事業の特定

　持株会社である親会社が事業子会社をそのまま売却するなど，企業グループからのカーブアウトの場合，具体的に譲渡するのは事業子会社そのもの（＝株式）ということになる。株式譲渡の場合には，事業の定義は必要なく，事業子会社に帰属する全ての経営資源とオペレーション・プロセスが譲渡の対象となるから，その点では，あらためて譲渡範囲の特定を行う必要はない。

　しかしながら，企業グループの中の一機能を担う事業子会社の事業の範囲は，たまたま企業内部の都合で決められてはいるものの，比較的容易に変更が可能である。

　したがって，必要であれば，売り手と買い手間の交渉により，実際に譲渡される事業の範囲を変更することが可能である。株式を譲渡する前に，売り手企業グループ内で資産，負債の移管を行ったり契約スキームを変更したり，従業員を転籍させたり，場合によっては事業譲渡を行うことで，他の制約が無ければ，事業の範囲は比較的自由に変更できる。

　もちろん，既存の事業子会社の枠組みそのままで取引が行われることも多いのであるが，本来，事業譲渡のスキームを採用するか，株式譲渡のスキームを採用するかは，取引スキームの問題である。譲渡する事業の範囲については柔軟に検討を行うことも可能であるから，事業譲渡の場合に準じて検討すべきである。

　なお，取引スキームが会社の譲渡（株式の譲渡）であるということは，少なくとも常に取引時には経営資源とオペレーション・プロセスが，法的に明確になっているということではある。

第3章

スタンドアローン問題

　スタンドアローン問題とは，カーブアウト型M&Aに特有の問題であり，スタンドアローン問題があるからこそカーブアウト型M&Aが他のM&A形態とは異なる取扱いをしなければならないと言っても過言ではない。

　本章では，スタンドアローン問題とはどのようなものかを解説したい。

1　スタンドアローン問題とは何か？

　カーブアウトにより，対象事業は母体である企業もしくは企業グループから切り離されることになる。

　【図表1-2-10　カーブアウトされるオペレーション・プロセス】で見たように，母体の中の一事業は，コーポレート部門，各事業のバックアップ業務を行っている共通部門などから様々なサービスの提供を受けて事業を行っていることが通常であり，カーブアウトに伴ってこれらのサービスが提供されなくなると，事業運営に支障をきたすことになる。

　また，他の事業部門から部品供給を受けていたり，逆に部品を供給したりといった内部取引を行っていた場合には，カーブアウトに伴い当該取引が第三者との外部取引となるが，当該取引を今後も継続するか否か，継続するとしても取引条件をどのようにするか，などの問題が生じ得る。内部取引が市場価格で行われているとは限らないからである。

　また，カーブアウト対象部門が，事業部として管理上分離されていたとしても，他の事業と同じ場所（例えば同じ工場内）で事業を行っていたり，物流業務，販売業務などを，他事業と一体で行っている場合などもあり，サプライ

チェーンが完全に独立しているとは限らない。カーブアウトに伴い，サプライチェーンは分断されることになるから，思いもかけない影響が出ることもまれではない。

このように，カーブアウトの場合には，母体であった企業，企業グループからの分離・独立に伴い様々な問題が生じるが，これらの問題を総称してスタンドアローン問題と言う。

スタンドアローン問題は，いくつかの類型に分けて考えることができる。それは，1）母体からのサービスの喪失，2）母体とのシナジーの喪失，3）分離コストの3種類である。

図表1-3-1 スタンドアローン問題の類型

項　目	内　容	具体例
母体からのサービスの喪失	・共通部門サービス ・共用資産/契約サービス	・共通部門機能の喪失 ・管理機能の喪失 ・オフィススペースの喪失 ・ブランドの喪失
母体とのシナジーの喪失	・規模の経済 ・他事業との内部取引	・バーゲニングパワーの喪失 ・安価な部品供給元の喪失
分離コスト	・分離に起因するコスト	・ブランド変更コスト ・ITシステムの分離コスト

2 母体からのサービスの喪失

企業内，あるいは企業グループ内の一事業は，母体から様々なサービスの提供を受けて事業を行っている。まずは，簡単な組織モデルを使って，どのようなサービス提供を受けているか見てみよう。

ここでは仮に事業部制組織を採用するABC社を想定し，かつ，その中のA事業部がカーブアウトされるケースを想定する。

ABC社では，製品群ごとにABC事業部が設置され，販売部門，製造部門，研究開発部門のうち設計部門は事業部別に完全に分かれているが，その他の部門は原則として全社共通部門である。A事業部は，他の事業部門などから，以

図表 1-3-2 ABC社

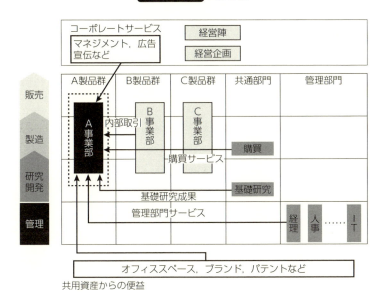

下のような様々なサービスの提供を受けている。

- ABC社には，当然ながら経営陣が存在し，経営陣は全事業部を統括してマネジメントを行っている。それとともに，経営陣をサポートする部門として経営企画部が設置され，全般的な経営管理の他，IRや広告宣伝活動を行っている。よって，これらコーポレート部門から，マネジメント，広告宣伝，IRなどのサービスの提供を受けていることになる。
- A事業部は，固有の管理部門を持たないため，人事，総務，法務，経理/財務，ITなど管理サービスについては，全社に共通の管理部門から提供を受けている。
- ABC社では，研究開発部門のうち基礎研究機能は事業部に固有ではなく，全社共通の基礎研究部門として基礎研究活動を行っている。A事業部は，基礎研究部門から基礎研究成果の提供を受けて，実際の製品設計の基礎としている。

- ABC社では，購買部門も共通部門として設定されている。よって，A事業部には購買機能がなく，購買部門からサービス提供を受けている。
- A事業部は，本社ビル，商標，パテント，ITシステムなど様々な全社資産（契約で利用するものを含む）を利用して事業を行っており，事業継続に不可欠な機能の提供を受けている。

仮に，A事業部がそのままカーブアウトされると仮定した場合，そのままではA事業部がABC社の内部で受けていたサービスは提供されなくなり，事業の継続に支障をきたすことになる。これが母体からのサービスの喪失に関するスタンドアローン問題である。

母体からのサービスの喪失は，カーブアウト事業に関与している組織＝すなわち人，および資産・負債，契約などの経営資源がカーブアウトによって全て移管されることはなく，必ずその一部が分離元の母体に残留することになるこ

図表1-3-3 母体からのサービスの喪失

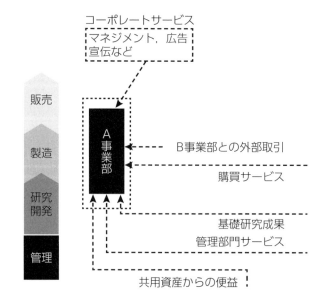

とに起因する問題である。

　母体のコーポレート部門，管理部門，共通部門などは，カーブアウト対象事業にサービスを提供しているが，当該事業にのみサービスを提供しているわけではないため，通常はカーブアウト範囲には含まれない。また，全社共用のオフィスビルの不動産，あるいは賃貸借契約などの共用資産，および共同の契約についても通常は移管されない。

　また，事業に固有の組織であっても必ずしもカーブアウト対象に含まれているとは限らない。先に述べたようにカーブアウトする事業範囲というのは，移管対象の経営資源である資産・負債，契約，組織・人の範囲によって「有機的一体」であることをはずさなければ，ほぼ自由に範囲を設定できる。

　したがって，何らかの事情により，母体においては一体として機能していた組織の一部を移管対象としないことは，ごく当たり前に起こり得ることである。

　このような場合，当該組織の一部がカーブアウト範囲に含まれていないことは，よりインパクトの大きなスタンドアローン問題となる。カーブアウト事業に関連する資産・負債，契約などについても全く同様であり，もし，カーブアウト範囲に含まれない事業に固有の資産・負債，契約があれば，それは重要なスタンドアローン問題となる。

　このように，母体からのサービスの喪失は，カーブアウトが事業に関連する組織や経営資源を，すべて網羅的に移管できない，あるいはしないことに起因するスタンドアローン問題である。

③　母体とのシナジーの喪失

　カーブアウト事業が，母体において他の共通部門や共用資産から具体的に提供を受けていたサービスを喪失すること以外にも，カーブアウト事業に影響が及ぶ点がある。それは，カーブアウト事業が母体で得ていたシナジーを喪失することである。

　図表1-3-2のABC社では，共通部門として購買部門が設置され，全事業の購買をまとめて行っている。事業部では共通品目，共通購買先が多いことから，

事業部横断で購買を行うことでバーゲニングパワー（購買における取引条件の交渉力）を得ていた。よって，A事業部がカーブアウトにより分離した場合には，A事業部としては，共同購買によるバーゲニングパワーを失うことになる。

このように，カーブアウトが事業の一部切り出しである以上，原理的には規模が母体と一体であるより縮小されるのは必然であり，規模の不経済が起こりやすい。

また，A事業部では，部品の一部を他事業部から内部仕入している。この内部仕入での仕入価格が市場価格と異なる場合，カーブアウトによって外部に切り離されると，取引条件が変更されることが想定され，カーブアウト事業の損益に影響を与える。母体傘下での内部取引での取引条件優遇（あるいはその逆）は，母体とのシナジーとはやや異なるが，母体傘下においては外部と取引条件が異なるという意味で，シナジーの喪失と同じような影響を受ける。

母体傘下でのカーブアウト事業は，他の事業と一緒に経営が行われることで，規模の経済や，その他のシナジーを得ていることが通常である。母体とのシナジー喪失は，カーブアウトによって規模が縮小されること，あるいは他事業とのオペレーションの連続性が断絶されることによる不効率に起因するスタンドアローン問題である。

4 分離コスト

カーブアウトは事業の分離であるから，分離そのものに起因するコストも発生する。わかりやすい例では，分離に伴いオフィスや工場を移転しなくてはならない場合の移転費用や，ブランドや社名変更に伴う看板，パンフレット，WEBサイト，名刺などの変更費用などが該当する。

比較的多額の費用を要することが多いのは，ITシステムの分離に伴うコストである。ITシステムは事業の遂行に不可欠なものであり，システム自体のコピー費用，データ移管費用，ハードへの投資など，どのように移管を行うかは，解決しなければならない重要な課題となる。

分離コストの問題は，カーブアウトでは，一定のコストをかけてオペレー

ションや，資産を分割しなければならないことに起因するスタンドアローン問題である。

5 スタンドアローン問題とカーブアウト範囲

スタンドアローン問題のうち，母体からのサービスの喪失は，カーブアウト事業に関する全ての経営資源がカーブアウト対象事業に含まれていないことに起因して発生する。

したがって，カーブアウトの範囲によって，母体からのサービスの何を喪失するかが決まることになり，カーブアウト範囲の決定と，母体からのサービスの喪失のスタンドアローン問題は表裏一体のものであると言える。

一方で，カーブアウト範囲は，譲渡される経営資源（組織・人，資産・負債，契約）によって特定され，その範囲は基本的には売り手（＝分離元）と買い手の間である程度自由に交渉可能であるから，買い手側は，売り手との交渉によりスタンドアローン問題の一部をコントロールできる可能性がある。

6 分離元企業の組織形態とスタンドアローン問題

スタンドアローン問題は，カーブアウト対象事業が，母体の中でどのようなサービスの提供を受けていたかによって当然異なる。そして，どのようなサー

図表1-3-4 経営資源とサービス

経営資源	付随するサービスの例
組織・人	・従業員，マネジメントの役務提供
資産	・建物・土地➡オフィスや工場スペース ・その他の償却資産➡製造設備，備品等の使用 ・ITシステム➡ITサービス ・ブランド，商標➡ブランド，商標からの便益 ・IP資産➡ノウハウ，特許
契約	・リース契約➡製造設備，備品等の使用 ・賃貸借契約➡オフィスや工場スペース ・業務委託契約➡業務の提供

ビスの提供を受けていたかは，カーブアウト対象事業の企業内，企業グループ内での位置付けと密接な関係のある問題である。

したがって，スタンドアローン問題は，事業がどのような組織形態により運営されていたかによって，少なからず影響を受けることになる。

ここでは，典型的な組織形態ごとに，母体から提供を受けるサービスの喪失を中心として，どのようなスタンドアローン問題が生じ得るか，検討してみたい。

(1) 事業部制組織の場合

【図表1-3-5　事業部制組織】は，先に例示した【図表1-3-2　ABC社】と同じ図であり，事業部制組織を取っている例である。

事業部に権限と責任を与える以上は，事業部の経営成績は厳格に管理される必要があり，部門別損益計算によって各事業部の損益が把握され，事業部長に各事業の利益責任が負わされている。

事業部制組織については，販売部門の他，製造部門や設計部門も事業部ごとに分かれている場合が多い。

一方，管理部門などバックオフィスは，一部が事業部に属している場合もあるが，各事業部共通である場合が多い。

基礎研究開発部門や，購買部，品質管理部などのミドルオフィスは，事業部ごとに設置されている場合もあれば，共通部門として設置されている場合もあるが，【図表1-3-5　事業部制組織】の例では，ミドルオフィスについては共通部門として設定されている。

一方，事業部制には，企業が投下している資本の使用の効率性を事業部ごとに管理するという目的はなく，一般に貸借対照表については，部門別には作成されず，全社共通の貸借対照表が存在するのみである。

以下，事業部制組織におけるスタンドアローン問題についての特徴と留意点である。

図表 1-3-5　事業部制組織

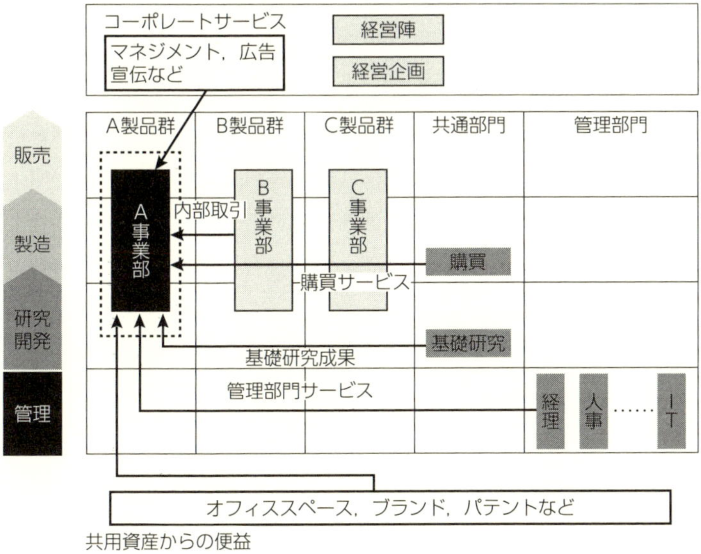

[図：事業部制組織の構造図。縦軸に販売・製造・研究開発・管理の機能、横軸にA製品群・B製品群・C製品群・共通部門・管理部門を配置。上部にコーポレートサービス（マネジメント、広告宣伝など）、経営陣、経営企画。A事業部、B事業部、C事業部が内部取引で結ばれ、共通部門には購買、基礎研究、管理部門には経理・人事・ITなど。下部に「オフィススペース、ブランド、パテントなど」「共用資産からの便益」の記載]

① 主要オペレーション

　販売部門，製造部門など主要な事業プロセスは事業部として分かれているため，当該プロセスに係るスタンドアローン問題の発生の可能性は比較的少ない。

　ただし，何らかの事情で事業部制における事業の範囲と，カーブアウト事業の範囲を変更する場合には，大きなスタンドアローンにおける問題が発生する可能性がある。

② ミドルオフィス機能

　事業部制において，購買部門，基礎研究部門，物流部門，品質管理部門などの事業の後方支援部門は，事業部に含まれている場合と，共通部門として設定されている場合がある。

　また，事業部に含まれているか否かは別にして，実態としてこれらのミドルオフィスが各事業部に専念している担当者で構成されているのか，全く共通の

担当者で構成されているのか，企業によって異なる。

　カーブアウト事業の範囲にこれらのミドルオフィス部門を含めるのかについては，組織上の位置付けとともに，実態として当該事業の専任者がいるのか否かによって判断されることになる。

　【図表1-3-5　事業部制組織】では，ミドルオフィス部門が共通部門として設定され，かつ，カーブアウト範囲には含められていない。

　この場合，ミドルオフィスから提供されているサービス，図表の例で言えば，基礎研究機能，購買機能などはカーブアウト後に提供されなくなり，スタンドアローン問題が発生することになる。

③　バックオフィス機能

　経理，人事，法務，総務，ITなどバックオフィス機能については，事業部制組織においても，共通部門として設定されていることが多く，カーブアウト事業の範囲に含められることは少ない。

　バックオフィス機能がなくなることは，典型的なスタンドアローン問題と言える。ただし，仮に共通部門として設定されていても，バックオフィスにも各事業部の専任担当者がいる場合があり，これら専任担当者がカーブアウト事業の範囲に含められる場合もある。

④　コーポレート機能

　全般的な経営管理サービス，全社的広告宣伝活動などを提供するマネジメント，全社コーポレート部門は，組織形態には関係なく，通常はカーブアウト対象にはならないため，これらのコーポレートサービスの喪失はスタンドアローン問題となり得る。

　ただし，全般的な経営管理サービス，全社的広告宣伝活動は，カーブアウト事業と直接の結びつきがあまりないことが多く，その場合には明確なスタンドアローン問題とは意識されない。

⑤ 共用資産

スタンドアローン問題には，カーブアウトされない共用資産から提供を受けるサービスの喪失もある。

まず，組織形態には関係なく，社名，商標権などのブランド，オフィススペースなどの全社共用資産は通常カーブアウト範囲に含まれることはないため，これら全社共用資産に関連するスタンドアローン問題が発生する。特に，ブランドに関しては，事業によっては大きな影響が及ぶ場合があるため注意が必要である。

また，全社共用資産ではなくとも，他事業との共用資産については，カーブアウト対象とされないことが多い。事業に必要な資産であるが，カーブアウトされない資産が存在する場合には，直ちにスタンドアローン問題となる。

盲点となりがちであるが，事業部制においては，貸借対照表は事業ごとに区分されていないので，事業に関連する資産，譲渡対象とする資産，契約の範囲が不明確である場合が多い。したがって，事業に必要な資産なのに，カーブアウト対象に含められていない資産が存在する可能性が大いにあり，注意が必要である。

ただし，事業部制組織の場合，部門貸借対照表まではないものの，部門損益管理を厳格に行っているため，減価償却費の部門ごとの割り振りや，部門の設備投資予算のために，通常は固定資産を部門別に管理している。また，そもそも部門の自律性が高いため，顧客管理，仕入先管理なども事業部ごとに行っている場合が多い。

その点では，部門別損益計算書がなくとも，機能別組織などに比べれば，事業に関連する資産・負債の特定は比較的容易である。

⑥ 内部取引

他部門との内部取引がある場合は，スタンドアローン問題となり得る。

事業部制組織の場合には，各事業の利益を管理するために，部門損益計算書が作成されるため，他事業部に対する売上，他事業部からの仕入などの内部取

引も，部門損益計算書に内部売上，内部仕入などとして記録されていることが多いため，当該取引が存在する場合には比較的判別しやすい。

ただし，必ずしも全ての内部取引が記録されているとは限らないので，留意が必要である。

なお，他事業部との取引ではなくとも，関係会社，役員，株主，従業員など母体の利害関係者との取引がある場合，カーブアウトによって影響を受ける可能性が高いため，同様に注意が必要である。

(2) 機能別組織の場合

機能別組織においては，事業部制のように利益責任を負う部門はなく，全社が一つの利益責任単位となっているため，通常は事業が意識されることが少ない。

【図表1-3-6　機能別組織】においては，A～Cの3つの製品群が取り扱わ

図表1-3-6　機能別組織

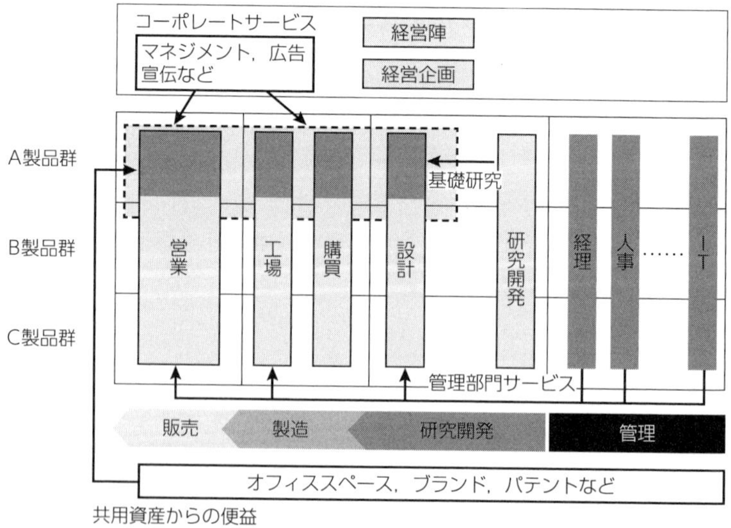

れており，各人別に販売，製造の事業担当は概ね分かれているものの，組織単位としては特に事業別に組織が分かれていない組織体制を想定している。

図表では，組織上はもともと事業別の管理単位にはなっていないものの，販売部門，製造部門，設計部門について，担当ごとにA事業担当を抜き出し，あたかも事業部のようにカーブアウトによって切り出すことを想定している。

① 主要オペレーション

機能別組織の場合には，日常的には事業として組織を区分していないため，事業として切り出す範囲を明確に特定することが困難である，という問題がある。

機能別組織では，担当者レベルでは概ね事業担当者として把握できるものの，部門損益計算を行っていないため，何が対象事業の取引であるかが明確には定義されていない。したがって，以下のような問題が生じることになる。

- 通常は，少なくとも粗利については，製品別，地域別など事業ごとに明確に把握されていることが多いであろうが，販売費及び一般管理費を含めた事業としての損益が把握されていないため，どのような費用収益が事業に帰属するのか不明確である。
- 事業ごとに担当が分かれているといっても，複数の事業を兼任する従業員が存在することが多い。したがって，従業員の区分からして困難な場合がある。

仮に事業部制の事業部門の範囲と同じように，A事業の販売部門，製造部門，設計部門などを分けることができるのであれば，理屈上は事業部制組織のカーブアウトと同様の範囲となるはずである。

しかし，機能別組織は，各事業の自律性が低い組織で，そもそものオペレーションや損益管理を事業部制の様には行っていないことから，定義した事業範囲に必要な機能が含まれているか，オペレーションを問題なく行えるかについての不安要素も大きく，不測のスタンドアローン問題が潜んでいる可能性は事業部制より大きいと言えるだろう。

事業の範囲の特定が明確でない場合には，切り出された事業にどのような機能が存在し，どのような母体からのサービスの喪失があるのか，そもそもわからない。このような場合には，よくわからない点があるということ自体がスタンドアローン問題となり得る。

② ミドルオフィス機能

機能別組織の場合，ミドルオフィスも組織上は事業ごとには分かれていない。したがって，主要オペレーションと同様に切り分けてカーブアウト範囲に含めるのか，カーブアウト範囲には含めないのかは，実際の担当者が専任なのか，共通なのかに依るところが大きい。

カーブアウト範囲に含められない場合には，当然，当該組織から提供されるサービスが無くなるため，スタンドアローン問題となる。

③ バックオフィス機能

バックオフィス機能については，共用部門として設定されており，また事業専任の担当者がいることがあまりないため，基本的にはカーブアウト対象外である。

バックオフィス機能の喪失は，当然スタンドアローン問題となる。

④ コーポレート機能

事業部制組織で述べたのと基本的には同じである。ただし，一般に事業部制組織に比べ，各部門の自律性が低いことから，より大きな影響がある可能性が高い。

⑤ 共用資産

機能別組織の場合には，事業ごとの貸借対照表は当然なく，部門別損益計算も行われていないため，固定資産台帳上の部門区分さえも一般に不明確である。顧客管理，取引先管理も全社共通である場合が多いため，部門に固有の資産が

何なのか,あまり意識されていない場合が多い。

したがって,固有資産,共通資産の把握は事業部制組織よりも一層困難である場合が多い。したがって,事業に必要な資産が網羅的に事業に含まれていないリスクは,事業部制組織よりも高いと言える。

その他,全社共通資産についてのスタンドアローン問題は,事業部制と同様に発生し得る。かつ,事業部制に比べて,各事業の自律性が低いため,スタンドアローン問題の影響は大きくなる傾向がある。

⑥ 内部取引

機能別組織の場合,部門別損益計算書が作成されていないことから,内部取引があったとしても,帳簿に記録されていないことが多い。したがって,他事業部との取引が存在する場合には,少し留意が必要となる。

その他利害関係者との取引についても,事業部制組織の場合と同様に注意が必要である。

(3) カンパニー制組織の場合

通常は,ミドルオフィス機能を含めて事業として完全に独立した機能を持ち,かつ,カンパニーと呼ばれる各事業組織で,経理機能,人事機能をはじめとしたバックオフィス機能などをある程度備えているのが通常である。

カンパニー制組織では,当然,各カンパニーの損益計算書が作成され,各カンパニーの長に各カンパニーの管理責任が負わされている。さらに,カンパニー制組織に特徴的なのは,カンパニーごとに貸借対照表を持ち,投下資本の効率性の管理責任も各カンパニーに負わせている点である。

① オペレーション機能

カンパニー制組織は,企業内部で最も自律的に事業を運営する形態なので,主要なオペレーション機能については,ほぼカンパニー内で完結していることが多い。企業内の事業としては,スタンドアローン問題の影響が最も少ない組

図表 1-3-7 カンパニー制組織

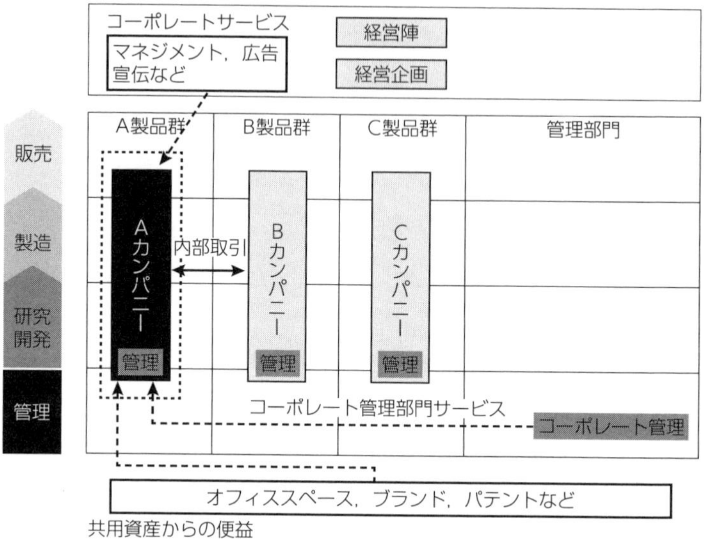

```
                  コーポレートサービス        経営陣
                  マネジメント、広告
                  宣伝など                  経営企画

         A製品群    B製品群    C製品群    管理部門
 販売    ┌─────┐
         │ A    │  ┌─────┐  ┌─────┐
 製造    │ カ   │  │ B   │  │ C   │
         │ ン   │←→│ ン   │  │ ン   │
         │ パ   │内部取引│ パ   │  │ パ   │
 研究    │ ニ   │  │ ニ   │  │ ニ   │
 開発    │ ー   │  │ ー   │  │ ー   │
         │ 管理 │  │ 管理 │  │ 管理 │
 管理    └─────┘
                  コーポレート管理部門サービス    コーポレート管理

              オフィススペース、ブランド、パテントなど
共用資産からの便益
```

織形態と考えられる。

② ミドルオフィス機能

カンパニー制組織においては、ミドルオフィス機能についても、あたかも一つの会社であるかのように、カンパニー独自に備えているのが基本である。

しかしながら、カンパニー制といえども完全な会社ではないため、なんらかのミドルオフィス機能が他のカンパニーと共同で設定されている可能性があり、その場合には、スタンドアローン問題が存在し得る。

③ バックオフィス機能

カンパニー制においては、経理、人事、法務など、カンパニーとしてのバックオフィス機能を備えていることが多い。

ただし、全社的なコーポレート単位でのバックオフィス機能は、必ず共通部

門として存在し，各カンパニーのバックオフィス機能を側面支援し，かつ最終的なとりまとめ機能を果たしている例が多い。

したがって，カンパニー制組織と言えども，バックオフィス機能に関するスタンドアローン問題は存在する。

④　コーポレート機能

カンパニー制組織においても，コーポレート機能は存在する。

その意味では，コーポレート機能に関するスタンドアローン問題が存在する可能性はあるが，カンパニー制組織においてコーポレートが果たしているのは，各カンパニーを取りまとめた全体戦略に関するマネジメントであることから，カーブアウト対象となる個別の事業にはあまり関連がないことが多いかもしれない。

⑤　共用資産

カンパニー制では，貸借対照表もカンパニーごとに区分されているから，事業に固有の資産，共用資産の把握は比較的しやすい。

ただし，カンパニー制はあくまでバーチャルな分社化であるので，あたかも固有資産のように取り扱われていても，実際には分離できない共用資産であることがある。また，ブランドなどは，通常はカンパニーには分割できない共用資産である。

この点で，通常は，カーブアウトされない資産に関するスタンドアローン問題は存在するものと考えた方が良い。

⑥　内部取引

カンパニー制組織は，独立した会社を擬制しているため，他のカンパニーとの内部取引があれば，売上，仕入などとして記録している例がほとんどである。取引条件についても，市場価格を用いるなど独立の第三者間の取引を擬制するのがカンパニー制本来の考え方である。

ただし、それでも実際の独立した会社と各カンパニーは異なるので、その点は留意することが安全である。

(4) 持株会社制の場合

持株会社には、自ら事業も行う事業持株会社と、自ら事業は行わずグループ経営に専念する純粋持株会社の場合がある。ミドルオフィス機能は、通常、各事業会社が保有するが、【図表1-3-8 持株会社制】での研究開発社の例のように、各事業会社共通のミドルオフィス機能会社が設立される例もある。

バックオフィス機能についても、それぞれの事業子会社が独立に保有する場合もあるが、効率性が重視される場合にはシェアードサービス会社が設立され、各事業子会社のバックオフィス機能を担うことも多い。図表での例も、バックオフィス機能は、シェアードサービス社によって提供されている。

① オペレーション機能

基本的には事業会社で完全に完結している例が多い。仮にカーブアウト対象の事業会社で欠けている機能がある場合には、外部への業務委託など、具体的な契約の下で、機能・サービスが提供されているはずである。

② ミドルオフィス機能

【図表1-3-8 持株会社制】の例では、研究開発機能について、グループの共通機能会社から提供を受けている。

持株会社制度における事業会社が、事業部制や、カンパニー制など企業内にある事業と異なるのは、研究開発の機能子会社からのサービス提供が、業務委託契約に基づき、独立した会社間の取引として行われている点である。したがって、仮にカーブアウトされて事業がグループから離脱しても、契約が継続される場合にはスタンドアローン問題とはならない。ただし、問題の本質としては、企業内の組織がカーブアウトされた場合と同様であり、契約が継続されなければスタンドアローン問題となる。

図表 1-3-8　持株会社制

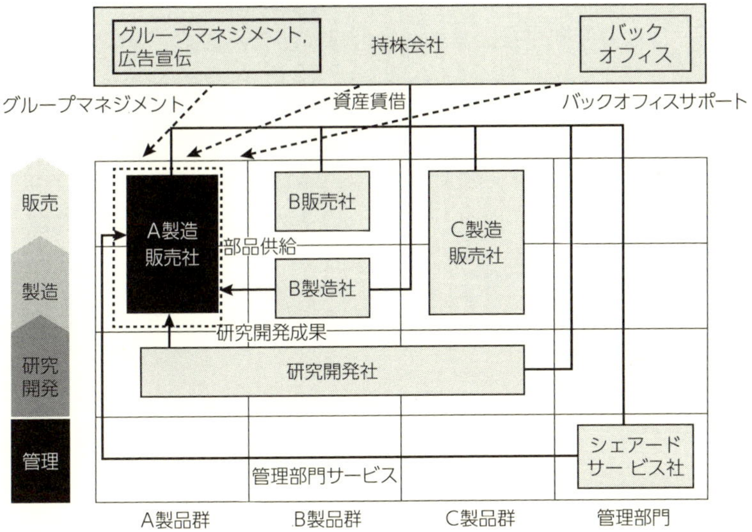

③　バックオフィス機能

　図表の例では，バックオフィス機能はシェアードサービス社から提供されているため，ミドルオフィス機能で研究開発社から提供を受けるサービスと同じことが言える。

　シェアードサービス社から提供を受けるサービスは，業務委託契約に基づいて提供されており，契約が継続される限りはスタンドアローン問題とはならない。ただし，グループ外となった会社にシェアードサービスを提供し続けるのか，という問題があるため，問題の本質は企業内の事業をカーブアウトする場合と同じである。

④　コーポレート機能

　持株会社制では，持株会社がコーポレート機能を担っている。カンパニー制の場合と同様に，持株会社が担っているのは，グループ全体の戦略に関するマ

ネジメントであることから,カーブアウト対象となる個別の事業会社にはあまり関連がないことも多い。

　また,持株会社制では,持株会社の経理部,人事部,法務部,IT部門などのバックオフィス機能が持株会社にあり,グループ全体の支援をしている例が多い。これらの対価は,個別の業務委託契約などではなく,経営指導料など全般的なマネジメント支援に含められて目立たないが,むしろバックオフィス・サービスの提供に関する問題の方がより大きなスタンドアローン問題である場合が多い。

⑤　共用資産

　持株会社制の下での事業会社の場合,各事業会社所有の資産は明確であることから,企業内部に問題となるような共用資産はない。

　しかしながら,グループの他社が保有し,そこから賃貸を受けている資産があれば,当該資産はグループの共用資産であり,賃借契約により将来も当該資産を使用し続けることができるとは限らないから,スタンドアローン問題は存在しうる。

　なお,持株会社制の場合には,他のグループ会社から賃借している資産があっても,基本的には賃借契約が締結されているはずなので,資産の使用という取引自体は明確である。資産管理会社が持株会社傘下に設置され,資産管理会社から不動産など主要な資産を賃貸している場合もある。

⑥　内部取引

　持株会社制では,事業会社は独立した会社であるので,内部取引は存在しない。代わりに,グループ会社間取引が内部取引に相当する。

　グループ会社間取引は,独立の会社間の取引であるため,当該取引は市場価格に準じた取引価格で行われているはずであるが,グループ外の第三者との取引とは別であるため,グループ外部となった場合に条件が変更される可能性は否定できない。また,最も留意すべきは,取引が継続されるか否かという問題

図表1-3-9 組織類型とスタンドアローン問題～母体からのサービスの喪失

	機能別組織	事業部制組織	カンパニー制組織	持株会社制
オペレーション機能	各機能ごと部門が分かれる	通常は部門として一体	部門として一体	会社として独立
ミドルオフィス機能	共通部門の場合が多い	共通部門である場合がある	共通部門である場合は少ない	機能子会社からサービス提供を受ける場合あり(契約あり)
バックオフィス機能	母体に依存	母体に依存	カンパニー内に一定機能を保有	機能を保有しているがシェアードサービスを受ける場合(契約あり)
コーポレート機能	母体依存大きい	母体に一定程度依存	母体に依存小さい	持株会社より一定の機能提供(契約あり)
共用資産	共用資産多い	一定の共用資産あり	共用資産は少ない	賃貸借契約等によりグループ他社の資産を使用する場合(契約あり)
内部取引	把握されていない	該当があれば把握されている	該当があれば把握されている	関係会社間取引として把握されている(契約あり)

であり，この点では企業内部の事業における内部取引と変わるところはない。

(5) その他のスタンドアローン問題と組織類型

スタンドアローン問題は母体からの機能喪失のみではなく，母体とのシナジーの喪失や分離のための一時費用の問題もある。これらその他のスタンドアローン問題と組織類型の問題について簡単に触れたい。

① シナジー

カーブアウトされる事業が，母体傘下の中で享受していたシナジーについては，事業の状況によって様々ではあるものの，一般的には，組織内の事業の自律性と関連しているものと考えられる。すなわち，組織内で自律的に運営されている場合にはシナジーは小さく，他事業と一体として運営されている場合にはシナジーが大きいということである。

したがって，機能別組織によって運営されている場合にはシナジーおよび分離した場合の影響が大きく，カンパニー制のように自律的に事業が運営されて

いる場合には、シナジーおよび分離した場合の影響が小さい傾向にはあるだろう。

持株会社制は、独立した会社として事業が運営されているため、一般的には自律性が高いとは考えられるが、グループとして大きなシナジーがあることも考えられるため一概には言えない。

② 分離コスト

分離コストについては、母体内での自律性に反比例しているものと考えられる。すなわち、母体内での自律性が低い機能別組織は分離のためのコストが大きく、事業部制、カンパニー制と母体内での自律性が高まるにつれ、分離のコストは小さくなるものと考えられる。持株会社制下の事業会社のように会社として分離している場合には、さらに分離コストは小さくなる傾向にあるだろう。

③ その他

直接のスタンドアローン問題ではないものの、【図表1-3-10 組織類型とスタンドアローン問題～その他】には、事業関連の資産・負債（貸借対照表関連）、損益（損益計算書関連）の財務データの分離しやすさについてもまとめている。

図表1-3-10 組織類型とスタンドアローン問題～その他

	機能別組織	事業部制組織	カンパニー制組織	持株会社制
シナジー	大きい	中程度	小さい～中程度	小さい～中程度
分離コスト	大きい	中程度	小さい	非常に小さい
損益項目(取引)の分離	困難	比較的容易	容易	会社として独立
資産・契約の分離	事業の貸借対照表なく、分離把握困難	事業の貸借対照表なし	事業の貸借対照表あり	会社として独立

事業の自律性が高ければ高いほど，事業の経営成績や財政状態を明確にする必要があり，管理会計上別管理されている場合が多い。別会社として運営されている持株会社制の場合には，当然，会社法などの法令に基づいて，会社としての決算書が作成されている。

7 買い手のスタンドアローン問題への対処

カーブアウト型M&Aの買い手側がスタンドアローン問題を放置した場合，カーブアウト事業の価値を毀損することになるため，スタンドアローン問題に対して，何らかの対処が必要となる。

(1) 母体からのサービスの喪失

母体からのサービスの喪失に関しては，何らかの方法でサービスを補完しなければ，事業運営に支障をきたしてしまう。どのように補完するかには，いくつかの方法が考えられる。

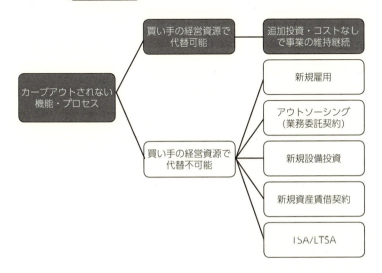

図表1-3-11 母体からのサービス喪失の補完

① 買い手側の経営資源による補完

母体から提供を受けていたサービスについては，まず，買い手が持つ経営資源によって代替可能なものと，代替できないものに分けることができる。なお，買い手が金融投資家である場合には，買い手側が事業を行っていないため，傘下のポートフォリオに一緒に運営できる事業会社を持っていない限り，原則として代替可能なものはないことになる。

管理部門など，業種，業態によらずどの会社にも必要なバックオフィス機能，一般的なマネジメントなどコーポレート機能については，買い手側が事業会社であれば代替できる場合が多いであろう。

一方で，営業部門，製造部門などオペレーション機能の一部や，研究開発機能，購買機能などミドルオフィス機能は，買い手がカーブアウト事業と業種，業態が近ければ容易に代替できるが，買い手の既存事業とカーブアウト事業がかけ離れた事業を行っている場合には，代替が困難である。

組織以外の資産，契約などの経営資源に起因するサービスについては，代替できるものがあるか否かは，買い手側が保有する経営資源の状況による。ただし，一般に，買い手とカーブアウト事業の業種，業態が近い場合には，経営資源も類似しているはずであり，代替可能である場合が多く，遠い場合には代替できない場合が多いであろう。

買い手側が代替できる場合には，追加のコストをかけることなく事業運営が可能である。買い手側が追加コストをかけることなく機能の補完が可能ということは，ある意味で，買い手側に新たな規模の経済が生まれているということでもあり，一種のシナジーの創出とも言える。買い手側にとっては，この点がカーブアウト型M&A実行の大きな誘因となっている。

② 買い手側の経営資源によって補完できない場合

一方，買い手で代替できない場合には，何らかの方法でサービスを補完しなければならない。補完の方法は，当該サービスを供給できる資産を補完するか，契約を補完するか，人を補完するしかない。

資産を補完するのは、基本的には、新規の設備投資である。そして人を補完するのは、新規雇用であり、契約を補完するのは、代替の契約を締結することである。

ただし、例えば母体から事業に関連する組織・人が移管されない場合に、当該機能を第三者への業務委託契約により補完するなど、既存とは異なる枠組みでサービスを供給することは十分に考えられる。

資産の補完のような単純な設備投資であれば補完は容易であるが、ある組織が果たしていた役割を代替することは、単純に新規に人を雇ったところで困難であり、むしろ現実的な補完方法は、外部に業務委託を行うことであろう。

業務委託先は、第三者である場合もあるが、分離元企業と一時的あるいは長期的に契約を締結し、サービスを提供してもらう場合がある。これは、TSA（Transition Service Agreement：売り手から買い手への暫定的サービス提供契約）、LTSA（Long Term Service Agreement：同長期的サービス提供契約）などと呼ばれる。これらTSA/LTSAについては後に詳細に説明する。

また、資産の補完についても、新規投資ではなく、賃借契約により機能を補完するなど、他の方法によって機能を補完することは十分に考えられる。

(2) シナジーの喪失

シナジーについても、買い手が補完できる場合と、補完できない場合がある。母体からのサービス喪失と同様、買い手が金融投資家である場合には、金融投資家が他のポートフォリオ事業を持っているなどの事情がない限りは、原則として補完できないことになる。

事業投資家の場合も、どの程度関連性の高い事業を行っているかによって、補完できるか否かが決まる。シナジーの喪失を補完できない場合、当該喪失分は低い事業価値評価をせざるを得ない。

ただし、通常は、買い手側はカーブアウト事業との親和性によって新たなシナジーを創出することを目的に、カーブアウト型M&Aを行っている。その点は、逆に事業価値評価においてプラス要因となりうる。

(3) 分離コスト

　分離コストについては，カーブアウト実行に当たっては不可避なものであり，できる限り負担の少ない分離方法を選択するぐらいしか対処のしようがない。

　実務においては，カーブアウトの売り手と買い手のどちらが費用負担を行うか，ということが問題となり得る。理論的には，買い手側が負担するのであれば買収価格がその分下がることになるので，売り手と買い手で，どちらが分離を行った方が，トータルのコストを小さく分離できるのか，という問題に置き換えることができる。

8 分離元企業に何が起きるのか？

　一方で，カーブアウトが行われた場合，売り手側である分離元企業には，何が起きるのか？

　コーポレート部門や，管理部門などの共通組織，あるいは共用資産については，通常カーブアウト対象とはならず，分離元企業に残存する。そうした場合，原理的には共用組織，共用資産に規模の不経済が働くことになる。また，買い手の交渉の結果，カーブアウト事業に固有であるが，買い手側機能と重複するためカーブアウトされない機能，資産があった場合，分離元企業においては，遊休資産となる。

　これらの規模の不経済や，遊休資産については，リストラクチャリングによる適正規模への縮小，他事業への転用などを計画しておくことが重要となる。これは，一般に見過ごされがちであるが，売り手側がカーブアウトを成功させるための，キーとなる重要事項である。

　この点については，後に詳細に解説したい。

第4章

カーブアウト型M&Aの特徴

　前章までで，カーブアウト型M&Aの意義と，カーブアウト型M&Aに伴いどのような問題が生じるかについての概要を述べた。本章においては，それを踏まえ，カーブアウト型M&Aにどのような期待と課題があるのか，そしてそれらの期待と課題をふまえたカーブアウト型M&Aの特徴について考えてみたい。

1　カーブアウト型M&Aの売り手と買い手のメリット・デメリット

　スタンドアローン問題とは，カーブアウト型M&Aに必ずついて回る問題であるが，このような問題が生じるにもかかわらずカーブアウトが行われるのは，売り手，買い手双方にそれを上回る戦略的意義＝メリットがあるからである。

　ここでは，スタンドアローン問題を踏まえつつ，売り手と買い手双方のカーブアウトへの期待と課題を整理してみる。

図表 1-4-1　カーブアウトへの期待と課題

	期待	課題
売り手	□ 選択と集中に向けたノンコア事業売却 □ 買い手が必要としない共通部門コスト相当のプレミアム獲得	□ コア事業への投資 □ 規模の不経済などへの対処，リストラクチャリング
買い手	□ 戦略的に必要な事業の買収 □ 自社と重複する共通部門を含まない事業のみの買収	□ シナジーの実現 □ スタンドアローン問題への対処

(1) 売り手側の期待と課題

① 売り手の期待

まず，カーブアウトの意義でも述べたように，売り手にとってのカーブアウトへの期待は，自らにとってのノンコア事業を売却し，コア事業成長のための資金を獲得することにある。

次に，派生的に，事業売却によって自社における事業の価値以上のプレミアムを獲得できる可能性がある。

カーブアウトの場合，バックオフィス機能は切り出さないことが通常であるから，カーブアウト後に追加的に人を雇用するか，業務提供契約を締結しなければ，カーブアウト事業にはバックオフィス機能に関するコストは発生しない。

買い手側がバックオフィス機能をすでに持っている場合，理論上は，バックオフィス機能に関する追加コストがかからないキャッシュ・フロー・ベースでの事業価値評価，すなわち，事業に必要なバックオフィス機能のコストを全て削減してしまったかのような事業価値の評価が，買い手側で可能となることから，自社でのバックオフィスのコストがかかるベースの事業価値以上での売却が期待できる。

また，買い手側のシナジー相当についてはプレミアムの受取が期待できる。

さらに，オークションビッドなどの手法により，複数の買い手を競わせることで，買収価格を上げることも不可能ではない。

したがって売り手にとってカーブアウトによって事業を売却することは，自社における事業の価値以上の価値を獲得できる可能性がある。

② 売り手の課題

一方で，売り手にとっては，カーブアウトによってサービス対象が縮小された，バックオフィス機能など共通部門や，遊休経営資源のリストラクチャリングなど，規模の不経済やディスシナジーへの対処が課題となる。

通常，これらの共通部門や経営資源は，カーブアウト前の事業構成に対して

最適化されており，カーブアウト後もこれらを放置した場合には不効率な組織体制が残存する。これを放置した場合，仮にプレミアムを追加した価格でカーブアウト事業を売却しても，そのプレミアムを上回る損失を出してしまう可能性がある。

(2) 買い手側の期待と課題
① 買い手の期待
　買い手側にとってのカーブアウトの意義は，戦略的に必要な事業のみを，バックオフィス機能なしの事業本来のオペレーション機能のみで買収できることにある。

　仮に，カーブアウトではなく，1個の会社を丸ごと買収した場合には，理論的には，バックオフィスをはじめとした自社と重複する部門をリストラクチャリングしないと，カーブアウトと同じ経済効果を生む体制とはならない。ところがカーブアウトは，追加的にリストラクチャリングを行うことなしに，戦略的に必要な事業を補完できる可能性を秘めている。

② 買い手の課題
　一方で，通常のM＆Aでも課題となる既存の事業とのシナジーを追求し，支払ったプレミアムを上回るシナジー効果を上げることに加え，カーブアウト特有の課題としてスタンドアローン問題への対処が大きな課題となる。

　重複するバックオフィス機能などをカーブアウト範囲に含めないということは，事業がスタンドアローンのままでは存続できないということであり，スタンドアローン問題への対処を誤った場合には，大きく事業の価値を毀損する可能性がある。買収した事業の価値を毀損してしまうことは，直ちにM＆Aの失敗ということになるから，絶対に対処しなければならない課題としてスタンドアローン問題には大きな注意を払わなければならない。

2 カーブアウト型M&Aの特徴

　以上の売り手と買い手双方のカーブアウト型M&Aに対する期待と課題を踏まえ，カーブアウト型M&Aが，それ以外のM&Aと異なる特徴はどのようなものがあるかを以下にまとめてみた。これらの特徴は，カーブアウト型M&Aの実行にあたって，どのような点に留意しなければならないかについて，大きなヒントを与えてくれるはずである。

(1) 対象が事業であること

　カーブアウトの特徴は，第一に売却対象となる事業が，それ単独では機能しない「パーツ」，「機能部品」の性格を持っていることである。カーブアウト対象事業は，経理や法務，人事など管理部門をはじめ，研究開発部門，購買部門，製造部門から営業部門まで，カーブアウト対象とはならない様々な共通部門サービスを母体から提供されているのが通常であり，カーブアウト対象事業単独では機能しない。

　カーブアウトの買い手側は，カーブアウト事業がかつての母体から提供されていたサービスを何らかの形（自社サービス・機能で代替，新規投資，アウトソースなど）で補完しないと，事業価値を毀損させてしまうことになる。したがって，カーブアウトという取引形態は，株式譲渡などによって事業全部の所有権が移転するM&Aに比較して，M&Aそのもののリスクが大きい取引形態であると言える。

(2) バックオフィス機能が移管されないこと

　バックオフィス機能など事業間に共通の機能・サービスは通常カーブアウト対象には含まれず，移管されない。

　先に述べたように，事業投資家の場合，自らが事業会社であることから，カーブアウト対象に含まれない機能を自社のリソースで補完することは比較的容易であり，通常は追加投資を行うことなく機能が補完できる。このような場

合，通常であれば事業に必要なコストの一部を，あたかも削減したかのような将来キャッシュ・フローを期待することが可能であり，プレミアムとして買収対価に上乗せすることが可能である。

このようなプレミアムは，買い手側の管理部門，共通部門に，新たな事業の買収により規模の経済が生まれ，より効率的な稼働が期待できることに起因している。

売り手側は一部の事業を譲渡することによって，売り手と買い手で重複する管理部門，共通部門のコスト相当のプレミアムを獲得できるかもしれないが，その一方で管理部門，共通部門などに規模の不経済が発生することになる。

買い手と売り手間で重複する管理部門，共通部門をどのように取り扱い，またどのような買収価格で取引するのかは，カーブアウト型M&Aの実行に伴い，双方が検討しなければならない重要課題である。

(3) カーブアウトの範囲は任意であること

カーブアウト範囲は，一般に，資産・負債，契約，組織・人によって定義されるが，必要な経営資源がカーブアウト範囲に含まれないならば，買い手にとって当該機能の代替のためのコスト，投資が必要となり経済的な価値が異なるから，交渉においてはカーブアウト範囲と，カーブアウト事業の譲渡価格を一セットとして交渉しなくてはならない。

また，カーブアウト範囲が任意であることに起因して，売り手と買い手の契約交渉では，運転資本調整など譲渡価格の調整，表明と保証条項，先に触れたTSA/LTSAなどもテーマとなり，非常に複雑になる傾向がある。

(4) 売り手にも重要な経済的影響が及ぶこと

先ほど述べたように，カーブアウトの売り手側は，一部事業を外部に売却してしまうと，かつてカーブアウト事業にサービスを提供していた共通部門に規模の不経済が働くことになり，最適化のためにはリストラクチャリングを検討しなければならない。

カーブアウトではない事業全部の株式譲渡であれば，売り手側のM&A戦略はいかに高く売るかにつきると言えるが，カーブアウトの場合には，売り手側がカーブアウトした後に，どのように自社の組織，事業を再編し，カーブアウト後の体制を再構築するか，という課題に対峙しなくてはならない。

(5) 売り手と買い手の情報の非対称性

通常のM&Aにおいても，売り手と買い手には情報の非対称性があると言われる。売り手側は譲渡対象の事業に対して非常に深い理解があるのに対し，買い手側はいかにデューデリジェンスを行ったとしても，短期間に売り手と同等の情報を手にすることは不可能である。そして，カーブアウトの場合には，より一層その傾向が深くなる。

売り手にとっても，カーブアウトの経済的影響を評価することは決して容易ではない。しかしながら，売り手は，意識さえすれば，カーブアウトの準備を入念に行うことが可能であり，売り手と買い手で重複している共通部門サービスの固定費を，買い手が負担しないようなスキームを設計することで，相対的に高い値段で買い手に売却できるチャンスがある。

一方，買い手側はカーブアウト事業そのものの理解に加え，スタンドアローン問題の経済的影響を短期間に評価しなければならず，それには非常な困難を伴う。情報の非対称性をどのように乗り越えて案件をまとめるかという課題への対処を求められるのが，カーブアウト型M&Aの特徴である。

第2編

買い手側から見たカーブアウト事業の財務的分析・評価と交渉上の留意点

　本編では，カーブアウト型M&Aがどのように検討され，契約締結に至るのか，実務的なポイント，流れを見てみたい。

　カーブアウト型M&Aには，売り手と買い手が存在するが，まずは買い手側がどのような課題に直面し，どのように検討をすすめるべきであるかを中心に解説する。

　M&Aが売買取引である以上は，究極的には「いくらで買うか，買わないか」，ということがM&Aの意思決定ということになる。したがって，カーブアウト対象の価値評価は，究極的にはM&Aの意思決定において，そのほとんどを占めると言っても良い課題となる。

　よって，ここでは，まず，カーブアウト事業の価値評価がどのような要素によって決まるのかを概観し，次に，その価値評価を決める決定要素をどのように調査・分析していくか，という順番で解説していきたい。

　なお，前述したように，本編においても，前提として想定しているのは，狭義の「事業」（会社の内部にある事業）を，事業譲渡などのスキームによってカーブアウトする場合である。狭義の事業譲渡についての論点をカバーすることで，企業グループから事業会社をカーブアウトする場合に生じる問題も，ほぼカバーできるとの考えからである。

第1章

カーブアウト事業の価値評価のポイント

　カーブアウト事業の財務分析を進めるにあたっては，どのような要素がカーブアウト事業の事業価値評価に影響を与えるのか，という理解が大前提となる。ここでは，まず，一般的な株式譲渡を前提としたM&Aにおける企業価値評価を概観した後に，カーブアウトの場合には，どのような違い，留意点があるのか，という順番で話を進めたい。

1　一般的なM&Aの場合のDCF法による企業価値評価

(1)　DCF法による評価アプローチの調査・分析のポイント

　M&Aにおける企業価値評価のアプローチの中で，ゴーイング・コンサーン，すなわち将来的に事業を継続していく前提の企業の価値評価として，最も理論的であると言われているのはディスカウンテッド・キャッシュ・フロー法（DCF法）と呼ばれる価値評価手法である。DCF法は，企業の将来キャッシュ・フローの割引現在価値の総和が事業価値を構成するとの考え方に立ち，その事業価値から純有利子負債（有利子負債と非事業用資産の純額）を控除すると株主価値（＝株式価値）になると考える評価手法である。

　DCF法を適用して企業価値評価を行う場合には，将来キャッシュ・フローを合理的に予測できることが前提となっている。

　したがって，DCF法の考え方自体は，誰もが最も理論的に企業価値を算出する手法であると認めているものの，将来キャッシュ・フローを合理的に予測できない場合には，全く合理性のない評価手法となってしまう。

一方で,仮に将来を合理的に予測できる場合に,最も理論的な評価アプローチであるということは,DCF法のアプローチに沿って対象の企業,事業を検討することが,財務的な調査・分析アプローチとして最も理論的かつ有効であることを示している。

　したがって,結果として将来のキャッシュ・フロー予測を合理的に行えないことが判明し,DCF法以外の類似会社比較法などのアプローチによって事業／企業価値評価を行うとしても,調査・分析のアプローチとしては「DCF法を仮に実施した場合に影響が出る財務的なポイント」,に焦点を当てることが最も効果的である。

(2) DCF法の評価過程

　DCF法においては,まず,将来事業計画から,将来のフリー・キャッシュ・フローの割引現在価値の総額を算出する(当該金額を「事業価値」と呼ぶ。)。そして,事業価値から,純有利子負債を控除することによって株主価値を算出する。

① フリー・キャッシュ・フローの算出

　フリー・キャッシュ・フローは,税引後の営業利益(＝NOPLAT)に非現金支出費用である減価償却費などを加算したグロス・キャッシュ・フローから,資本的支出を控除し,運転資本の増減を加減したものと定義される。

　グロス・キャッシュ・フローは,EBITDAと営業利益(＝EBIT)に対応する法人税等から算出されるが,法人税等は基本的には実効税率により定まるから,要は将来のEBITDAの水準が大きく影響する指標である。

　資本的支出は,将来の設備投資水準である。

　運転資本増減は,基準時点の運転資本に対し,どれだけの追加運転資本投資を行うか(あるいは,運転資本投資の一部を回収するか)ということなので,分解すれば,基準日時点の運転資本と,将来の運転資本の残高という2つの要素となる。

② 株主価値の算出

フリー・キャッシュ・フローの割引現在価値として計算される事業価値から，純有利子負債を控除して株主価値を算出する。

純有利子負債は，有利子負債から，非事業用資産を控除した純額である。有利子負債は，主として金融機関などからの借入金やリース債務などであり，非事業用資産とは，余剰の現預金や有価証券，および事業の用に供しておらず売却して現金化しても差し支えない遊休資産などを指す。

また，厳密には，有利子負債には該当しないが，実質的には有利子負債と同様に，事業価値から控除して株主価値を考えるべきデット・ライク・アイテム（有利子負債類似債務）と呼ばれる項目が存在する場合がある。

デット・ライク・アイテムは，例えば，訴訟債務があって将来の現金支出が行われる可能性が高い場合，退職給付に関する過去勤務債務があり現金支出が見込まれている場合など，一般にオフバランス債務，偶発債務と呼ばれる債務が典型例であり，フリー・キャッシュ・フローや利払等以外で見込まれる将来の現金支出を広く指す。デット・ライク・アイテムが存在する場合には，当該債務についても，事業価値から控除して株主価値を考えなくてはならない。

したがって，割引現在価値の算出に使用する割引率を別にすれば，DCF法における価値決定要素は，

1）将来のEBITDA水準（グロス・キャッシュ・フロー）
2）将来の設備投資水準
3）基準日の運転資本残高，および将来の運転資本水準
4）基準日の非事業用資産（時価）
5）基準日の有利子負債（時価）
6）基準日のデット・ライク・アイテム（時価）

ということになる。

図表2-1-1 DCF法による企業価値評価過程

	予測期間			継続期間	
	FY1	FY2	FY3	FY4以降	
営業利益（EBIT）	2,000	3,500	4,500	4,500	
法人税等	600	1,050	1,350	1,350	
税引後営業利益（NOPLAT）	1,400	2,450	3,150	3,150	
減価償却費	200	300	250	250	
グロス・キャッシュ・フロー	1,600	2,750	3,400	3,400	← 1）将来のEBITDA推移
資本的支出	△150	△250	△250	△250	← 2）将来の設備投資水準
期首運転資本	800	900	1,000	1,100	
期末運転資本	△900	△1,000	△1,100	△1,100	
運転資本増減	△100	△100	△100	0	← 3）基準日の運転資本と将来の運転資本水準
フリー・キャッシュ・フロー	1,350	2,400	3,050	3,150	
割引率	5.00%			継続価値 63,000	
現在価値係数	0.98	0.93	0.89	0.89	
割引現在価値	1,317	2,231	2,700	55,766	62,014 合計

事業価値から株主価値の算出

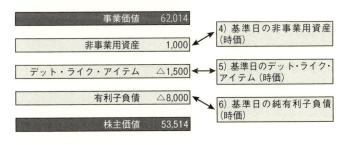

(3) DCF法による価値決定要素と調査・分析のポイント

 以上のDCF法の価値決定要素を踏まえ，一般的なM&Aの場合のデューデリジェンスにおいて，どのような点が調査・分析のポイントとなるかを，以下，簡単に述べる。

① 事業価値〜将来フリー・キャッシュ・フロー

　事業価値は，将来のフリー・キャッシュ・フローから算出されるため，事業計画に表されている将来のフリー・キャッシュ・フローの確からしさを調査・分析することが，デューデリジェンスにおける課題となる。

　将来のフリー・キャッシュ・フローの確からしさについて，当該事業に関する市場分析や，内部的な経営資源を評価する事業デューデリジェンスは，もちろん重要であるが，一方で財務的観点から定量的かつ財務実績に照らした分析を行うことも重要である。

　この場合，将来のフリー・キャッシュ・フローは財務的には直接評価することが困難であるため，まずは，過去の財務データに基づいた過去の実績，趨勢を分析した上で，過去の実績，趨勢との連続性，整合性を検討することで将来のフリー・キャッシュ・フローを批判的に分析していく，というアプローチがとられる。

　したがって，財務を中心としたデューデリジェンスのポイントは，将来事業計画を批判的に検証するため，1）EBITDA水準，2）設備投資水準，3）運転資本について，過去の絶対的水準と，変動状況について，損益構造，キャッシュ・フロー構造を理解した上で分析することが，最も重要なポイントとなる。

② 株式価値評価〜純有利子負債とデット・ライク・アイテム

　株式価値は，事業価値から純有利子負債を控除して算出する。また，デット・ライク・アイテムがあれば，事業価値から控除して考えねばならない。したがって，まず，純有利子負債に該当する負債および資産にどのようなものがあり，時価評価額はいくらか，という点がポイントになる。また，偶発債務，オフバランス債務の有無を中心に，デット・ライク・アイテムと考えられるような債務が存在していないか，という点も重要ポイントである。

　なお，有利子負債，および非事業用資産に該当しない貸借対照表項目は，一部の例外を除き，運転資本か事業用資産ということになる。

　運転資本に該当する資産については，基準日の残高に瑕疵がなく，追加の運

第1章 カーブアウト事業の価値評価のポイント ◆ 73

図表 2-1-2 DCF法による企業価値評価過程と調査・分析ポイント　その1

過去実績から事業計画へ
～実績との連続性分析

DDによる分析	実績				DCF法モデルによる価値評価			
					予測期間			継続期間
	FY1	FY2	FY3		FY1	FY2	FY3	FY4以降
営業利益(EBIT)	1,200	1,500	1,600	・EBITDA分析	2,000	3,500	4,500	4,500
法人税等	360	450	480		600	1,050	1,350	1,350
税引後営業利益(NOPLAT)	840	1,050	1,120		1,400	2,450	3,150	3,150
減価償却費	150	160	180		200	300	250	250
グロス・キャッシュ・フロー	990	1,210	1,300		1,600	2,750	3,400	3,400
資本的支出	△100	△50	△120	・設備投資分析	△150	△250	△250	△250
期首運転資本	500	600	700		800	900	1,000	1,100
期末運転資本	△600	△700	△700	・運転資本分析	△900	△1,000	△1,100	△1,100
運転資本増減	△100	△100	0		△100	△100	△100	0
フリー・キャッシュ・フロー	790	1,060	1,180		1,350	2,400	3,050	3,150

割引率	5.00%		継続価値	63,000
現在価値係数	0.98	0.93	0.89	0.89
割引現在価値	1,317	2,231	2,700	55,766
			合計	62,014

転資本投下が必要ないかという点とともに，回転期間や，季節性の有無など将来必要な運転資本の水準を予測するために必要な運転資本の分析を行うことが重要ポイントとなり，①で述べたフリー・キャッシュ・フロー分析の一部となる。

　また，事業用資産について最も重要なポイントは，事業に使用する資産としての機能の瑕疵の有無と，それに基づく将来の必要設備投資水準の予測であり，どちらかと言えば財務デューデリジェンスというよりは事業デューデリジェンスなどでの分析が重要であるが，同じくフリー・キャッシュ・フロー分析の一部となる。

図表 2-1-3 DCF法による企業価値評価過程と調査・分析ポイント　その2

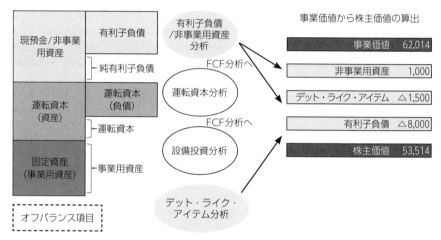

2 カーブアウトの事業価値評価

では，カーブアウトの事業価値評価では，株式譲渡による一般的なM&Aと比較して，どのような違いと課題があるのだろうか？

ここでは事業譲渡によるカーブアウトを想定しているため，株式価値評価ではなく，カーブアウト事業の事業価値評価が行われることを前提にして考えてみる。

(1) カーブアウトの事業価値評価での論点
① 将来のEBITDA水準

まず，将来のEBITDA水準については，事業としての通常の将来のEBITDA水準に加え，スタンドアローン問題の影響を検討する必要が出てくる。

カーブアウトの場合には，1）母体からのサービスの喪失，2）母体とのシナジーの喪失というスタンドアローン問題によって，EBITDA水準が過去の分

離元の企業・企業グループの傘下にあった場合と比べて変動する。したがって，カーブアウトの場合には，スタンドアローン問題の影響を定量化して評価しなくてはならない。

② 将来の設備投資水準

　カーブアウトにおいては，譲渡前にカーブアウト事業で使用されていた事業用資産が全てカーブアウトの対象となっているとは限らない。他の事業と共用で使用されている共用資産などは，カーブアウトの対象とならないことが通常である。

　必要な経営資源がカーブアウト対象となっていない場合には，基本的には買い手が買収後に，新たな設備投資等によって補完しなくてはならない。したがって，カーブアウトされる事業用資産の範囲が，価値評価に大きな影響を与える可能性がある。

③ 運転資本，および将来の運転資本水準

　カーブアウトでは，カーブアウト事業で発生する売掛金や買掛金などの運転資本が，譲渡対象に含まれていないことがある。必要な運転資本が譲渡対象になっていない場合，買い手は，自らが運転資本投資を新規に行う必要があることから，運転資本の譲渡対象範囲が事業価値評価に大きな影響を与える。

　また，売り手の企業内で，カーブアウト事業の運転資本を個別に管理していない場合，カーブアウト事業単独の運転資本水準がよくわからないことがある。

　このような場合には，そもそも事業に固有の運転資本の水準がわからないということになり，事業価値評価において不確定要素となる。

④ 有利子負債，非事業用資産，およびデット・ライク・アイテム

　非事業用資産，および有利子負債は一般には事業に固有のものではないため，事業譲渡のようにカーブアウト範囲を任意に決められる場合には，仮にカーブアウト対象にしたとしても単純に価値評価にプラスマイナスされるだけである

図表 2-1-4 価値評価におけるカーブアウト特有の論点

価値評価の構成要素	カーブアウト特有の論点
1) 将来のEBITDA水準	・スタンドアローン問題の損益への影響
2) 将来の設備投資水準	・カーブアウト範囲に含まれない経営資源の代替取得
3) 譲渡日の運転資本と将来の運転資本水準	・譲渡される運転資本の範囲
4) 譲渡日の非事業用資産（時価）	・譲渡される非事業用資産の範囲
5) 譲渡日の有利子負債（時価）	・譲渡される有利子負債の範囲
6) 譲渡日のデット・ライク・アイテム（時価）	・譲渡される（あるいは付随する）デット・ライク・アイテムの範囲

課題	カーブアウト範囲の特定
	スタンドアローン問題の特定と評価

ため，基本的には譲渡対象とはされない。

ただし，デット・ライク・アイテムと呼ばれる有利子負債類似債務については，事業や，譲渡される資産，契約，人などに付随する債務であることがあり，デット・ライク・アイテムが実質的に譲渡される場合には，価値評価に影響を与える。また，スタンドアローン問題の一つである分離のコストの発生はデット・ライク・アイテムの一つであると言える。

(2) カーブアウトの場合の価値評価の論点と調査・分析

カーブアウトの場合の事業価値評価については，カーブアウト以外の株式譲渡を前提とした一般的M&Aと比較した場合，

> 1) 会社全体とカーブアウト範囲の違いによる影響
> 2) スタンドアローン問題の評価

の2点が大きく異なる点である。したがって，カーブアウトのデューデリジェ

ンスにおいては，カーブアウト以外のM&Aの調査項目に加えて，譲渡範囲の違い，スタンドアローン問題の評価が大きな課題となる。

　一方で，有利子負債や非事業用資産などは譲渡されないなど，資産・負債の一部しか譲渡されないため，調査・分析の範囲を限定することができる場合がある。

第2章

カーブアウトのデューデリジェンス/事業価値評価の実施プロセス

「第1章　カーブアウト事業の価値評価のポイント」では，買い手がカーブアウト事業の価値評価を考える場合に，どのような検討ポイントがあるか述べたが，これらの検討ポイントは実務的な買収検討プロセスの中では，デューデリジェンス，およびその結果を踏まえた事業価値評価の中で検討していくことになる。本章においては，デューデリジェンスから事業価値評価に至る買い手側の検討の具体的なプロセスについて述べる。

1　カーブアウト型M&Aの検討プロセスの特徴

カーブアウト型M&Aにおいても，基本的な検討プロセスはカーブアウト以外のM&Aと変わりはない。

ただし，カーブアウト型M&Aにおいて特徴的なのは，スタンドアローン問題の評価が不可避であり，そのためには自社への統合の方法の検討などオペレーション面の検討が必要なため，カーブアウト以外のM&Aに比べた場合，研究開発，購買，製造，物流，IT，人事など，いわゆる事業デューデリジェンスよりもさらにオペレーションに特化した，オペレーショナルデューデリジェンスとも言うべき分野のデューデリジェンスを強化する必要がある点である。

また，事業価値の評価においては，通常のM&Aであれば，売り手から提供される事業計画が信頼に足るものであれば，評価自体は外部アドバイザーに「丸投げ」してしまうこともあり得る。しかしながら，カーブアウト型M&Aに

おいては，スタンドアローン問題の影響を，キャッシュ・フロー・モデル上でどのように捉えるかなど，買い手自身の戦略と方針を事業計画モデルに反映して検討していく必要があるため，買い手自身が事業価値評価過程に相当程度関与しなくては適切な評価が行えない。

このように，買い手自身が自ら検討しなくてはならない分野がより大きくなる傾向，買い手自身のM&A検討のための関与者もより広範にならざるを得ない傾向が，カーブアウト型M&Aの検討プロセスにはある。

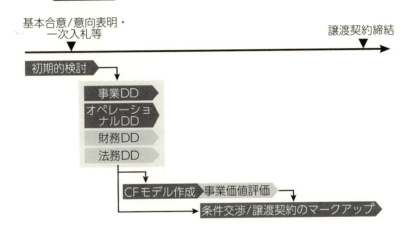

図表2-2-1 カーブアウト型M&Aの買い手側プロセス

② チーム編成

(1) 買い手自身のチーム編成

まず，買い手自身のチーム編成においては，経営企画部門などM&A検討を主導し，対外的な窓口となる事務局に加え，事業そのものの収益性や自社とのシナジーを検討する事業チーム，自社への統合方法の検討，スタンドアローン問題の評価などオペレーション面の検討を行うオペレーション・チームが必要である。事業チームは管轄事業部門から，オペレーション・チームは管轄事業部門に加えてIT，人事，購買など管理部門からも人材を集めることになるだろう。

また，財務デューデリジェンスや，法務デューデリジェンスなど外部アドバイザーにデューデリジェンスをまかせる分野においてでも，買い手自身の要望を伝え，検出事項を吸い上げるブリッジ役として，必ず買い手自身の担当者を配置しておくことが望ましい。外部アドバイザーを起用したとしても，最後に意思決定を行うのは，買い手自身に他ならないからである。

(2) 外部アドバイザー

　財務的な検討については，買い手である事業会社，あるいは金融投資家が自ら全ての調査，分析を行う場合もあるだろうが，多くの場合には，実際の財務分析，評価作業については，財務アドバイザリー会社，公認会計士など財務専門家に財務デューデリジェンス，あるいは事業価値評価として依頼される。

　また，前述のように買い手自身の担当者も決めておくべきである。カーブアウト案件においては，事業価値評価に買い手自身が考えるキャッシュ・フロー・モデルを反映させる必要があるため，この点でも，買い手自身のキャッシュ・フロー・モデルを吟味する体制を充実させておく必要がある。

　法務デューデリジェンスにおいては，弁護士など外部の法務アドバイザーに依頼することが多いと思われるが，買い手自身の法務担当者ももちろんチームに加えなければならない。

　法務アドバイザーは法務デューデリジェンスのみではなく，契約条件の交渉，契約書のマークアップにおいても非常に重要な役割を担うことから，カーブアウトをはじめとしたM&A実務に長けた弁護士に依頼することが望ましい。

3 財務デューデリジェンスのプロセス

　以下では，財務デューデリジェンスについて，具体的なプロセスとカーブアウト型M&Aにおいて特に留意すべき点を，実務に沿って解説する。

(1) スコープの考え方

　財務デューデリジェンスについては，財務アドバイザリー会社，公認会計士など外部の専門家に依頼することが多いが，その際にはどのような作業範囲（＝スコープ）で作業を依頼するか，専門家の提案を踏まえて決めなければならない。

　デューデリジェンスの目的は，買い手がM&Aの意思決定をする際に必要な情報を収集することにあり，より具体的には，

1) 買収実行の障害となるようなディール・キラーが存在しないか確認すること
2) カーブアウト事業の評価のための情報を入手すること
3) 取引スキームや，価格調整条項や，表明保証など，契約条件に関する情報を入手すること
4) ポストディールで取り組まなければならない課題を抽出すること

である。この目的と，「第1章　カーブアウト事業の価値評価のポイント」に

図表2-2-2　カーブアウトにおける財務デューデリジェンスのスコープ例

項目		内容
①全般的事項		・対象事業の概要，範囲について，組織，事業所，経営陣，従業員の状況，全体の中での位置付け等を理解する。 ・対象事業のビジネスフローを把握する。
②貸借対照表関連	1) 譲渡対象の範囲	・基準日時点の対象会社の貸借対照表および譲渡対象の資産・負債リストを入手し，譲渡対象資産・負債の切り分け方法について質問する。
	2) 資産・負債のクオリティ	・譲渡対象資産・負債について，重要な棄損の有無，および負債の過少計上の有無の観点から吟味する。想定される重要項目は以下のとおり。 　- 売掛金など債権の回収可能性 　- 滞留，陳腐化棚卸資産の有無 　- 従業員関連債務の計上不足の有無 　- その他

項目		内容
	3) デット・ライク・アイテム	・対象事業が分離した場合に生ずる可能性のある一時費用についてヒアリングする。 ・対象事業に関するクレーム，訴訟などその他重要なオフバランス債務，偶発債務の有無をヒアリングする。
	4) 運転資本/設備投資	・対象事業の運転資本の過去3期の変動および季節性の概況を把握する。また，カーブアウトに伴う決済条件の変更の可能性，（該当があれば）内部取引の外部取引化による影響をヒアリングする。 ・対象事業に関連する過去3期程度の設備投資の状況を把握する。
③損益計算書関連	1) スタンドアローン問題	・対象事業の過去3期および直近月次までの損益計算書を入手し，以下の分析を実施する。 　- 作成方法の概要を把握する。 　- 買い手側の母体から提供を受ける機能・サービスを質問し，対象事業損益計算書での取り扱いの前提，母体から離脱した場合の損益の影響を吟味する。 　- 買い手の他事業との取引，および関係会社・その他利害関係者との取引を把握し，事業譲渡により変化する損益項目の有無，および影響額について分析する。
	2) 正常収益力/損益推移分析	・対象事業の過去3期および直近月次までの損益計算書を入手し，以下の分析を実施する。 　- 対象事業の損益計算書について，損益推移の状況，および臨時・異常な損益項目を排除した正常収益力を分析する。 　- 対象事業の損益計算書の損益推移を分析する。
	3) 予算進捗	・対象事業の予算進捗資料を入手し，予算の進捗状況および着地見込みについてヒアリングする。
④事業計画関連	事業計画	・対象事業の事業計画を入手し，以下の分析を実施する。 　- 作成にあたっての前提条件を把握する。 　- 過去損益との連続性，整合性を吟味する。

示した留意事項を念頭に，具体的なスコープを決めるべきである。

【図表2-2-2　カーブアウトにおける財務デューデリジェンスのスコープ例】では，カーブアウトの場合のスコープ例を参考までに示した。ただし，デューデリジェンスのスコープは，監査基準のように第三者によって決められているものではないため，実際のカーブアウト案件の内容と，重要ポイント，報酬予算によって変更する性質のものである。

① 全般的事項

　全般的事項は，作業の前提として，対象事業について，概要を把握するための作業である。カーブアウトの場合に特徴的なのは，全体の中で対象事業がどのような位置付けにあるかも把握する必要があることである。組織上の位置付け，他の部門との関係，提供を受けている機能など，企業全体の中での位置付けを把握することが重要になる。

② 貸借対照表関連

　「1) カーブアウト範囲」は，カーブアウト事業の資産・負債の範囲がどのように提案されているか，売り手の事業の中で何がカーブアウト対象となり，何が対象となっていないかを把握する作業である。カーブアウト範囲によって，運転資本増減，将来の設備投資水準や収益性など将来キャッシュ・フローに影響がでるため，カーブアウトにおいて非常に重要な手続となる。

　「2) 資産・負債のクオリティ」は，個々の譲渡対象資産・負債に重要な棄損はないか，未計上のオフバランス債務はないかを吟味する作業である。ただし，事業譲渡の場合には，譲渡対象資産の範囲が限定されることから，株式譲渡の場合に比べれば重要度が低い場合が多い。どの程度詳細な検討を行うかは，カーブアウト事業の性質，範囲や，表明保証など全体の譲渡契約の枠組みに左右されるため，案件に応じて検討する必要がある。オフバランス項目の有無については，事業譲渡の場合には，契約義務は個別移転であるため，不測のリスクが存在する可能性は株式譲渡に比べると低いとは言える。ただし，製品保証義務など，契約上の地位の移転はともかく，実質的には事業とともに移転してしまう可能性も考えられるため，その点は慎重に検討すべきである。

　「3) 一時費用の把握」は，事業の分離に伴う一時コストの把握であり，カーブアウトに特有の手続である。一時コストは，一種のデット・ライク・アイテムである。

　「4) 運転資本/設備投資」のうち，運転資本については，カーブアウトにおいては特に重要な手続となる。仮に運転資本が譲渡対象ではなくても，将来の

運転資本投資の水準を検討するため必要な手続である。また，運転資本分析にあたっては，一時点の分析のみではなく，年間を通じた季節性の変動についても把握すべきである。運転資本の季節変動については，価格調整条項を検討する場合に非常に有用な情報となる。設備投資水準については，過去の実績を把握することで，過去に不必要に設備投資が抑制されていないかを吟味し，事業計画上の設備投資計画と比較することで連続性，整合性を確認するための基礎となる。

③ 損益計算書関連

損益計算書関連は，将来キャッシュ・フローを検討するため，対象事業の実績損益推移を把握する手続になる。

「1）スタンドアローン問題」は，母体からの離脱に伴い，損益水準にどのような影響が起こり得るのかの検討手続である。「第1章　カーブアウト事業の価値評価のポイント」で指摘したスタンドアローン問題を把握することが目的となる。調査にあたっては，売り手側から提示された対象事業のプロフォーマ損益（対象事業が仮に過去からカーブアウトされていたと考えた場合の損益実績シミュレーション）を分析することはもちろん，可能であれば，母体の部門別損益計算書からプロフォーマ損益をどのように作成したか理解し，母体の部門別損益計算書ではどのような共通費，共通部門費の配賦を受けていたか把握することが望ましい。TSA/LTSA契約の交渉をはじめ，買い手側の事情を知ることで，交渉上有利になる可能性もある。

「2）正常収益力／損益推移分析」は，カーブアウト以外のM&Aと同様に，現状足元の実力，および将来のキャッシュ・フロー水準の分析に資するためカーブアウト対象事業のプロフォーマ損益の損益構造，推移の分析になる。

「3）予算進捗」は，直近までの予算進捗状況と，着地見込みの分析である。直近時点の事業の状況を知るうえで重要な手続であるが，通常管理している事業部門と，カーブアウト事業部門の範囲が著しく異なる場合には，分析アプローチに工夫が必要である。

④ 事業計画関連

事業計画関連は，事業デューデリジェンスでの吟味に加え，財務デューデリジェンスとして財務的な観点からの分析を行うものである。財務デューデリジェンスでは，過去との連続性・整合性の評価，前提条件の把握が主な調査内容となり，カーブアウトの場合には，スタンドアローン問題がどのように織り込まれているか，あるいは織り込まれていないかも重要な調査ポイントとなる。

(2) 依頼資料

【図表2-2-3　カーブアウトにおける財務デューデリジェンス依頼資料例】は，以上のスコープ例を前提とした場合の財務デューデリジェンス依頼資料例である。

図表2-2-3　カーブアウトにおける財務デューデリジェンス依頼資料例

分野	項目	資料名	期間等
全般的事項	会社概要	会社案内	直近
		組織図/人員配置表	直近
		賃金規程，賞与規程，退職金規程等人事規定	直近
		取締役会議事録，株主総会議事録，監査役会議事録	過去3期～直近まで
	財務関連	計算書類/決算書	過去3期
		月次決算書	直近
		部門別損益計算書	過去3期
		勘定科目明細書	過去3期
		法人税申告書	過去3期
対象事業	全般	対象事業の事業案内（事業内容の説明資料）	直近
		対象事業のビジネス・フロー説明資料	直近
		譲渡対象資産・負債リスト	基準日時点
		対象事業の損益計算書（プロフォーマ損益計算書）	過去3期～直近月次
		対象事業の事業計画	
		対象事業の事業所一覧	直近
		対象事業の契約一覧（含むリース契約）	直近
		対象事業の従業員数推移	過去3期～直近月次
		対象事業と対象外事業の取引一覧	過去3期～直近月次
		対象事業とグループ会社，役員，従業員，株主等利害関係者との取引，債権債務一覧	過去3期～直近月次

		対象事業が他部門から受ける機能・サービスの一覧	直近
		対象事業が使用するソフトウェア,知的所有権その他の無形固定資産の一覧(所有,クロスライセンス,使用許諾等の別を問わず)	直近
対象資産負債関連	全般	譲渡対象資産・負債の明細書	基準日時点
		譲渡対象の資産・負債リストの切り分け作成資料	基準日時点
		対象事業の過去の運転資本残高	過去3期,過去1年間の月次
	売上債権	対象事業の得意先別残高一覧	基準日時点
		対象事業の回収条件一覧	直近
		対象事業の売上債権の滞留管理資料	基準日時点
	棚卸資産	対象事業の棚卸資産台帳	基準日時点
		対象事業の棚卸資産評価資料	基準日時点
	固定資産	対象事業関連の固定資産台帳	基準日時点
		対象事業に関する賃貸借契約書	直近
	退職給付	対象事業従業員,役員の退職給付債務等計算資料	基準日時点
	購買債務	対象事業の相手先別残高一覧	基準日時点
		対象事業の決済条件一覧	直近
	偶発債務	(該当があれば)訴訟,係争事案リスト	直近
		対象事業にかかわるクレーム,製品保証債務	直近
	その他	その他対象事業に応じて必要な資料	
対象事業損益関連	全般	対象事業損益計算書(プロフォーマ財務情報)作成資料	過去3期〜基準日時点まで月次
		対象事業月次損益計算書	最低過去1期〜直近月次
		部門別損益上の共通費,部門共通費の配賦額計算資料	過去1期
	売上高/売上原価	製品/商品別,ルート別,地域別等の売上高/売上原価明細	過去3期〜基準日時点まで月次
		対象事業の製造原価明細書(該当がある場合)	過去3期〜基準日時点まで月次
	販売費及び一般管理費	対象事業費目別明細	過去3期〜基準日時点まで月次
	営業外損益	対象事業損益の雑収入,雑損失の明細	過去3期〜基準日時点まで月次
	その他	その他対象事業に応じて必要な資料	
事業計画関連	全般	対象事業の事業計画作成資料,見積明細資料	
		設備投資計画	
		人員計画	
		対象事業予算	
		対象事業予算実績比較表	直近

① 全般的事項

　全般的事項においては，カーブアウト事業に直接は関連がない可能性がある全社の取締役会議事録，株主総会議事録，決算書，勘定明細書，税務申告書なども記載されている。

　カーブアウトは全体の中の一部であるので，全体を理解した上で，どのような一部が離脱するか理解した方がベターであるため，依頼資料に含めているが，場合によっては，売り手側からカーブアウト事業には直接関係がないとの理由で提出を拒否される場合もある。

　買い手側としては，妥協を強いられることもあるかもしれないが，必要な資料であれば，交渉して，提出を要望すべきである。

　ただし，組織図については，必ず人員配置付きの全社の組織図を入手し，具体的な従業員ベースで，どの部署の誰がカーブアウト対象なのか，そしてカーブアウト対象ではない部門，従業員はなんであるのかを理解すべきである。何が対象ではないかを理解することが，買い手としてどのようなサービスの補完が必要かの正確な理解につながるからである。

　また，カーブアウト事業のプロフォーマ損益計算書以外に，全社の部門損益計算書についてもできる限り入手し，全体の共通費，共通部門費の水準や，配賦額についても理解することがベターである。

② 対象事業

　カーブアウト対象事業の事業範囲，事業の過去実績，事業計画などの資料であり，基本的には全て提出を受けるべき重要な資料である。

　しかしながら，全ての売り手がカーブアウトの準備を綿密に行っているわけではなく，むしろ，あまり準備していない企業が多いため，例えばカーブアウト資産・負債のリストが準備されていなかったり，カーブアウト事業のプロフォーマ損益について，カーブアウト事業とは範囲が異なる部門損益計算書が提示されたり，ということがよくある。

　そのような場合には，ヒアリングによって補ったり，場合によっては資料の

作成を依頼して仕切り直しを行うなど工夫していかないと，実務においては作業が進まない。

③ 対象資産負債関連

対象資産負債関連は，基本的には譲渡対象の切り分け方法，譲渡対象となる資産・負債のクオリティ，未計上債務の有無を分析するための，詳細資料である。

なかでも重要なのは譲渡対象資産・負債の切り分け資料で，全社資産の中で何が譲渡対象となって，何が譲渡対象となっていないのか，共用資産は何なのか，を理解するためには，全社資産からの切り分け資料を入手してしまうのが最も手っ取り早い。

また，譲渡対象資産・負債には含まれていなくとも，カーブアウト事業で発生する運転資本の水準についての資料は入手すべきである。ただし，過去にさかのぼってカーブアウト事業の運転資本水準が集計されているケースはどちらかと言えば少ないと思われるので，資料がない場合には工夫が必要である。

なお，譲渡対象資産・負債の範囲が限定的でリスクがなく，かつ，初めから譲渡契約の中で比較的手厚い表明保証を契約に盛り込むことが前提となっている場合には，あまり詳細な資料を要求せず，簡便に済ませるという考え方もあり得る。

④ 対象事業損益関連

対象事業の過去損益実績を分析するための詳細資料である。スタンドアローン問題の理解のためには，どのような配賦経費が対象事業に売り手傘下で負担させられていたのか，が参考になるため，売り手傘下での共通費，共通部門費の配賦関連の資料を入手することがベターである。

また，プロフォーマ損益資料が部門損益計算書とは別に作成されている場合に，当該作成資料がもし入手できれば，事業の範囲や，他部門との取引，スタンドアローン問題の理解により役立つが，これらの資料は，売り手としてはあ

まり出したがらない可能性がある。

そのほか，カーブアウト以外のM&Aと同様に正常収益力分析や，損益推移分析など通常の収益性に関する資料も当然要求すべきである。

⑤ 事業計画関連

事業計画関連は，予算，事業計画関連の資料である。財務的観点から事業計画の過去との連続性，整合性を検討するため，足元での予算進捗，当期の着地見込みなどについての分析の資料となる。

(3) スケジュール設定の留意点

デューデリジェンスにおいては，キックオフ時，あるいは初期段階に，アドバイザーを含む買い手側関係者を集めて，売り手側がマネジメント・プレゼンテーションとして譲渡対象事業を説明することがよく行われる。

カーブアウトの場合には，特に，できる限りマネジメント・プレゼンテーションを最初に設定し，カーブアウト事業について説明してもらう機会を設けることが，売り手，買い手双方にとって後の負担をなくすことにつながる。

カーブアウトの場合には，カーブアウト対象の範囲，オペレーションの範囲など複雑であり，インフォメーション・メモランダムが用意されていても，一読しただけでは理解が難しい部分があるのが普通である。したがって，なるべく直接に対面してカーブアウト事業についての説明がないと，買い手側の事業の理解のために売り手も買い手も相当の工数を費やすこととなってしまい，不効率である。

また，カーブアウトの売り手がカーブアウト事業について資料を綿密に準備していることは少ないので，資料のやり取りや，書面での質問では，効率よくデューデリジェンスの作業が進まないことが多い。したがって，通常のM&Aに増して，売り手側のマネジメント，あるいは担当者が直接に面会して質問に応じるインタビュー・セッションの時間を複数回設けてもらうよう，売り手側に要求していくことが大事になる。

また，カーブアウトの場合，譲渡契約の内容は価格調整，表明保証をはじめ，譲渡価格以外の交渉項目が多くなる傾向があり，条件交渉および契約書のマークアップの作業ボリュームは，カーブアウト以外のM&Aに比べて大きくなる傾向がある。したがって，デューデリジェンス以降，譲渡契約締結までのスケジュールはある程度余裕をもって設定しておくべきである。

　オークションビッドのカーブアウト案件の場合，スケジュールの主導権が売り手に握られ，買い手の要望がなかなか通らない場合も多い。しかしながら，スケジュールの都合で買い手候補がオークションを降りることは売り手にとっても損失であり，無理なスケジュールが設定されている場合には，交渉してみることも必要である。

(4) カーブアウトにおける事業価値評価のプロセス

　M&Aにおける企業価値評価/事業価値評価については，外部の専門家による譲渡価格についてのいわば「お墨付き」のような位置づけで，内部における実質的な譲渡価格の検討とは独立に，提示される事業計画を前提にした評価が外部のアドバイザーに依頼される実務がある。

　カーブアウトの場合には，譲渡価格決定の意思決定のためには，スタンドアローン問題やシナジーをどう評価するか，という点が重要な問題となり，外部のアドバイザーには判断がつかない点が多いため，内部の検討とは独立したプロセスで外部に事業価値評価を依頼することは難しい。

　したがって，事業価値をどのように考え，どのようなレンジで交渉していくかについては，社内でより能動的に検討しなくてはならない。少なくとも，事業価値評価の前提となる，事業計画モデルについては，交渉レンジのための幅も含め，社内で組み立てたうえで，理論構成やテクニカルな算定作業を外部に依頼するなど，共同作業を前提に考えるべきである。

　逆に，社内においてしっかりとした事業価値の分析，検討が行われていれば，それをもって意思決定の判断とすることで，必ずしも外部専門家による評価書を受け取っていなくても，コンプライアンス上も問題ないであろう。

最も問題なのは，事業計画モデルについての買い手自らが検討，判断を行わずに外部アドバイザーまかせにしてしまうことであり，このような姿勢はM&Aの失敗にすぐにつながってしまう。

第3章

カーブアウト事業の調査・分析のポイント

　第1章において，カーブアウトにおいては，通常のM&Aの場合に加え，①将来のEBITDA水準，②将来の設備投資水準，③基準日の運転資本残高，および将来の運転資本水準，④基準日の有利子負債，非事業用資産，およびデット・ライク・アイテムのそれぞれに特有の論点が存在することを見た。

　そして，以上のポイントは，1）会社全体とカーブアウト範囲の違いによる影響，2）スタンドアローン問題の評価，というカーブアウトにおける2つの課題に起因するものである。本章においては，この2つの課題を踏まえつつ，財務デューデリジェンスをはじめとした調査・分析において，上記①〜④に整理されるカーブアウトの調査ポイントをどのように調査・分析していくかについて解説したい。

1　カーブアウト範囲の特定

　スタンドアローン問題は，カーブアウトが企業の一部の譲渡であることに起因する。一部ということは，カーブアウトにより切り出される部分と，切り出されない部分がある，ということであり，カーブアウト事業の調査・分析では，まず，何が切り出されるのか，切り出されないのかを正確に理解することが第一歩となる。

(1) 売り手側のカーブアウトの基本方針の確認

　カーブアウトの範囲は基本的に任意であるから，売り手側のカーブアウトの

提案がどのような範囲に設定されているかは案件によって千差万別である。

しかしながら，カーブアウトの範囲によって，買収後のEBITDA水準，追加投資の必要額，運転資本投資の必要額が全く異なるため，カーブアウト事業の範囲を正確に理解することが，カーブアウト型M&Aの買い手側として第一にやるべきことである。

売り手側がカーブアウトを提案しているのは，もちろん戦略上の意図があってのことであるが，売り手側としてのカーブアウト事業の定義が明確になっていないことが意外なほど多い。

カーブアウトを行うような複数事業を営む会社であれば，利益管理責任をどのように負わせているかはさておき，事業を組織によって分けていることがほとんどである。したがって，カーブアウト事業を定義することは，ごく簡単であるかのような錯覚を持たれやすい。

しかしながら，組織とは企業内の管理上の便宜的区分であるから，例えば事業をまたがる兼任者が存在したり，共通部門の中に当該事業の専従者がいたり，実際に事業を分離しようと考えた場合には，企業内で分けていた事業の区分とは範囲が異なることがむしろ通常である。

また，カンパニー制が採用されていない限り，企業内の事業部門には貸借対照表の概念はないから，事業に付随して切り出される資産・負債については，あらためて検討して決定する必要がある。また，たとえカンパニー制が採られていたとしても，バーチャルな企業内カンパニーの場合にはやはり事業にまたがる共有資産が存在することから，それなりに検討が必要となる。

それにもかかわらず，売り手側で，○○事業をカーブアウトする，ということだけ決め，後は全てが自動的に決まるかのように錯覚していると，買い手側にとっては甚だ不明確なカーブアウト事業の定義しか提示されないこととなる。

買い手側としては，カーブアウト事業の範囲がどのように設定されているかについて，以下の順序で，正確に把握することが重要である。

① カーブアウト基本方針の確認

　買い手側のカーブアウトの基本方針を理解するためには，まず，組織図上で，どの部署がカーブアウトの対象となっているか把握するとわかりやすい。カーブアウト対象が少なくとも「有機的一体として機能する財産」である「事業」である限り，既存の企業・企業グループ内の組織と全く紐づかないケースは考えられない。ただし，完全に企業内・企業グループ内組織単位でカーブアウト事業が定義されることはむしろまれで，この組織の半分は対象，半分は対象ではない，とか，場合によっては各人別にこの部門の〇〇さんのみ対象，という部分が出てくるのは珍しいことではない。

② カーブアウト基本方針に沿ったビジネスプロセス

　次に，事業全体のビジネスフローとの関連を把握する。カーブアウト範囲に拘わらず事業に関連するビジネスフローを把握した後，上記で把握した対象組織が当該プロセスでどのような機能を含み，どのような機能を含んでいないかを把握することで，平面的であったカーブアウトの基本方針が立体的に浮かびあがってくるはずである。

　また，カーブアウトによって，ビジネスプロセスの分断が起きることがあるから，どのような分断が起きるか把握することも重要である。

(2) 具体的なカーブアウト範囲の特定

　カーブアウトの基本方針と想定されているビジネスフローを理解したら，後は，個別具体的なカーブアウト事業の定義を具体的に検討していくことになる。

　先に述べたように，カーブアウト事業の特定は，事実上，1) 資産・負債，2) 契約，3) 組織・人により行われる。

　カーブアウトされる範囲について，まずは，売り手側が素案を作成し，買い手側に提示が行われるべきである。よく準備している売り手であれば，提案の際に，譲渡対象となる1) 資産・負債，2) 契約，3) 組織・人が提示されるから，その内容をデューデリジェンスで検討していくという手続になる。

一方，売り手側が譲渡範囲についての詳細な素案を作成していない場合には，買い手側は，当該資産負債などのリストの作成をあらためて依頼し，作成後に調査・分析を開始するか，あるいは，ヒアリングによって意図されているカーブアウト範囲を買い手が確認していく，という作業を実施せざるを得ない。

　また，具体的なカーブアウト範囲の特定では，具体的に提示されるカーブアウト範囲が，カーブアウトの基本方針やそれに沿ったビジネスモデルと整合しているか常に吟味していく必要がある。

(3) 資産・負債の範囲の特定

① 資産負債リストの様式，基準日

　譲渡対象の資産・負債リストは，譲渡対象とされる資産，負債の目録・リストであるが，通常は，決算書に通常添付される勘定明細レベルのリストとして提示される。

図表2-3-1 譲渡対象資産・負債リストの例

譲渡対象資産・負債リスト　XXXX年X月XX日現在

科目	明細	残高	備考
製品	E製品	200	
	H製品	350	
	・・・・	・・・	
	計	700	
建物	J工場	2,000	
	・・・・	・・・	
	計	2,000	
機械装置	M装置	400	
	・・・・	・・・	
	計	800	
投資有価証券	Q社株式	80	
	・・・・	・・・	
	計	80	
敷金保証金	U倉庫	10	
	計	10	
・・・	・・・・	・・・	
	・・・・	・・・	

対象となる資産・負債については，デューデリジェンス実施時に実際の譲渡日の資産・負債リストを提示することは当然不可能であるから，売り手側が作成可能な直近の貸借対照表と勘定明細から作成される。これは，仮に当該基準日時点でカーブアウト（事業譲渡）が行われるのであれば，譲渡対象となるであろう資産・負債のリスト，ということになる。

なお，買い手がデューデリジェンス等で検討する基準日時点の資産・負債リストと，実際に譲渡が行われる譲渡日の資産・負債は，時間の経過に伴い，当然に変動する。この変動について，譲渡契約における譲渡価格調整の問題が生じることになる。

② 全社貸借対照表と譲渡対象資産・負債リスト

カーブアウト範囲の資産・負債のリストを入手する際には，当該リストのみ入手するのではなく，カーブアウトされない資産・負債も含めた全社の貸借対照表，勘定明細書も一緒に入手し，かつ，カーブアウト対象の資産・負債の切り分けがどのように行われたかの，検討過程の資料も一緒に入手することが望ましい。

カーブアウト対象の資産・負債というものが明確に切り分けられることはむしろまれである。通常は他事業との共用資産が存在し，その共用資産が譲渡対象に含まれるのか，含まれないのかが常に問題となる。

そのため，買い手側としては，売り手側の全社の資産・負債について把握した上で，その中の何が譲渡対象になって，何が譲渡対象となっていないか，共用資産は何なのかを理解することが重要である。また，売り手が提案している譲渡資産・負債の範囲と，買い手側が望む範囲が異なることはあり得ることである。買い手側としては売り手が提案する資産負債の範囲以外の資産・負債の内容を理解することで，資産・負債の範囲についての交渉の余地が生まれる。

ただし，一般に，売り手側は，譲渡対象ではない範囲について買い手に情報を提供するのには抵抗がある。買い手側も，対象事業に全く関連しない資産・負債の情報を入手する必要はなく，その場合には，上記の趣旨を踏まえて，合

理的な範囲で共用資産などの情報を提供してもらうよう依頼すべきである。

また，カーブアウト対象事業に関連する資産・負債であるか否か，ということと，当該資産・負債が譲渡対象となっているか否か，は実際には別の議論である。

例えば，共用資産については，カーブアウト事業に関連することは間違いないが，通常，売り手は譲渡対象とはしないであろう。また，後述するように売掛金，買掛金などの金銭債権債務は，事業に関連して発生した資産・負債であるが，譲渡対象にするか否かは任意である。

このため，売り手が作成するカーブアウト対象事業の資産・負債リストは，全体のうち，カーブアウト事業に関連する資産・負債にどのようなものがあり，そのうち，譲渡対象として提案する資産・負債が何であるかが明示されていると，買い手側に対しては親切である。

買い手側としても，カーブアウト事業に関連する資産・負債を調査対象とし，そのうち，譲渡対象とするのは何か，というアプローチで調査・分析を進めるべきである。

③ 資産・負債の範囲の特定～事業用固定資産

次に，事業譲渡の形態をとるカーブアウト型M&Aにおいて，それぞれの資産・負債グループごとに，どのような譲渡範囲についての検討ポイントがあるか，詳細に解説したい。

まず，事業用固定資産については，事業に必要な事業用固定資産が網羅的に譲渡対象となっているかが最も重要な問題である。

必要な事業用固定資産が譲渡対象に含まれていない場合，買い手側で当該資産を新規設備投資等の手段によって補完する必要があるから，当然，新規設備投資として将来キャッシュアウトがある分はカーブアウト事業の評価を下げる必要がある。また，当該資産について買い手が容易に補完できないのであれば，M&A自体をあきらめざるを得ない場合もある。

検討において重要なポイントとなるのは，共用資産の存在である。事業に固

図表 2-3-2 譲渡対象資産・負債リストの作成ワークシート例

譲渡対象資産・負債リスト作成のワークシート　XXXX年X月XX日現在

科目	明細	残高	区分	譲渡対象	対象外	備考
売掛金	A社	500	A事業		500	
	B社	400	B事業		400	
	C社	350	A事業		350	譲渡対象外
	D社	330	C事業		330	
	･･･	･･･			･･･	
	計	1,500		-	1,500	
製品	E製品	200	A事業	200		
	F製品	180	B事業		180	
	G製品	170	C事業		170	
	H製品	350	A事業	350		
	･･･	･･･		･･･	･･･	
	計	1,800		700	1,100	
建物	本社	5,000	共通		5,000	全社共通
	I工場	3,000	B事業/C事業		3,000	
	J工場	2,000	A事業	2,000		
	物流倉庫	1,500	共通		1,500	全社共通
	･･･	･･･		･･･	･･･	
	計	12,000		2,000	10,000	
機械装置	K装置	300	B事業		300	
	L装置	500	C事業		500	
	M装置	400	A事業	400		
	N装置	250	共通		250	A事業/B事業共通
	･･･	･･･		･･･	･･･	
	計	2,200		800	1,400	
ソフトウェア	生産管理システム	800	共通		800	全社共通
	購買管理システム	200	共通		200	全社共通
	販売管理システム	300	共通		300	全社共通
	会計ソフト	100	共通		100	全社共通
	･･･	･･･		･･･	･･･	
	計	2,500		50	2,450	
投資有価証券	O社株式	100	非事業用		100	
	P社株式	150	共通		150	全社共通
	Q社株式	80	A事業	80		
	R社株式	90	C事業		90	
	･･･	･･･		･･･	･･･	
	計	500		80	420	
敷金保証金	S支店オフィス	50	共通		50	A事業/B事業共通
	T支店オフィス	30	共通		30	A事業/B事業共通
	U倉庫	10	A事業	10	-	
	V倉庫	150	共通		150	B事業/C事業共通
	･･･	･･･		･･･	･･･	
	計	350		10	340	

有の資産であれば，売り手が重複する資産を所有している場合を除き，譲渡対象とすることに通常は異論が出ない。問題が生じやすいのは，買い手側が他の事業と共用で使用する資産である。

共用資産をどのように取り扱うかは，様々な考え方があり得るが，まずは，どのような共用資産があるか，そしてそれが譲渡対象となっているのか否かを明確に把握することが重要である。

【有形固定資産】

有形固定資産については，部門損益計算を行っている会社であれば，固定資産台帳，償却資産台帳などにおいて，部門ごとに区分管理が行われているから，事業に関連する固定資産，共用資産，事業に関連しない資産の区分については，当該管理区分が参考になる。

ただし，売り手の社内での部門の考え方と，カーブアウトの対象としての事業部門は異なることがしばしばあるため，注意が必要である。

また，譲渡の対象となる有形固定資産が，必ずしも貸借対照表に計上されているとは限らない。財務的には，減損済，除却済で簿価がゼロであっても，事業の継続に必要な資産であるならば，譲渡対象資産に含めなくてはならない。他にも，例えばパソコンなど，少額資産に該当するため貸借対照表に計上されていない資産についても同様である。

【無形固定資産】

対象カーブアウト事業との関連性については，有形固定資産と同様に，固定資産台帳，償却資産台帳などが参考になる。

無形資産の代表例であるソフトウェアについては，生産管理システム，在庫管理システム，購買管理システム，販売管理システムなど基幹系のシステムは事業に欠かせない資産であることが多い。しかし，複数の事業を営む場合，事業に共通の資産として所有されている例が多いから，通常は譲渡対象には含まれない場合が多い。このソフトウェアについて，カーブアウト後にどのように

機能・サービスを提供していくかは，カーブアウトにおける大きな課題となる。

また，無形固定資産は，有形固定資産にも増して，簿外となっている資産が存在する可能性が高い。

例えば，特許権，商標権などについては，外部購入の特許は貸借対照表に計上されているが，自社開発の研究成果に係る特許については，貸借対照表に計上していない企業がほとんどである。

また，ソフトウェアについても，自社開発のソフトウェアを貸借対照表に計上できるのは，会計基準によって一定の要件を満たすもののみに制限されている。

したがって，無形固定資産については，貸借対照表から関連する資産の網羅性を検討することはもちろんであるが，その他に，商標権，特許権，著作権など知的所有権，その他の権利関係について，事業に必要な資産一覧を，貸借対照表への計上の有無を問わず，リストとして提供するよう売り手側に要求すべきである。

特に，特許権，商標権など知的所有権については，事業のコアとなる重要な経営資源であることが多く，対象となるか否かで，買い手がカーブアウト事業の買収を行うか否かの意思決定が異なることも珍しくない。

【投資有価証券】

投資有価証券のうち，上場有価証券については，現金化が容易であることから，売却しても事業に影響が出ないのであれば，非事業用資産ということになり，その場合には譲渡範囲には原則として含められない。

一方で，上場有価証券であっても，事業の取引先からの要請で保有している有価証券の場合には，事業継続に必要な投資と考えられる。ただし，カーブアウトによって事業のオーナーシップが変わる場合には，必ずしも買い手が投資有価証券を引き継がなくても問題ない場合も多く，ケース・バイ・ケースで考えるべきである。

【敷金・保証金】

　賃貸借契約については，専用の事業所にかかわるものは譲渡対象として検討する余地が生まれるが，本社オフィスなど全社資産，他事業との共用資産であれば，通常は譲渡対象の候補とはならない。

　ただし，売り手の全社資産，共用資産であっても，カーブアウト後にその一部を転貸してもらうことは考えられる。

　また，専用スペースをカーブアウト後に継続使用する必要がある場合，賃貸借契約の借主の地位を買い手が譲り受ける他，買い手が新規に同等の契約を貸主と締結することも考えられる。その場合は，譲渡対象とはならない。

　いずれにしろ，実質的に譲渡前のカーブアウト事業の事業所を継続使用するか否かは，買い手のカーブアウト事業の統合方針によるところが大きいため，統合方針を踏まえた検討が必要となる。

【保険積立金，ゴルフ会員権など】

　保険積立金は，事業とは関連しないことが多いと思われるが，従業員の退職金などの資金を確保するために保有されているものなどは，事業に関連する資産として譲渡対象となる場合もありうるだろう。

　ゴルフ会員権は，通常は事業に固有の資産ではないため，譲渡対象に含める必要性はあまりない場合が多い。ただし，事業に関連した接待で必要な場合など，譲渡対象に含めることが考えられないわけではない。

④　資産・負債の範囲の特定～運転資本

　カーブアウトにおいて，運転資本が特徴的なのは，カーブアウト対象とするか否かについて，売り手と買い手の意向により比較的自由に選択が可能な点である。

　運転資本の多くは，売掛金，買掛金などを代表例とする金銭債権債務であり，事業に関連して発生するものであるが，その決済は基本的には売り手にも買い手にもできる。したがって，事業に関連する金銭債権債務を譲渡対象とするか

否かは，売り手と買い手の交渉により任意に決めて差し支えない。

ただし，カーブアウトの範囲に運転資本が含まれているか否かは，買い手にとっては，カーブアウト事業取得後に必要な運転資本投資の水準に大きな影響を与えることから，価値評価に直接的に影響する事項となる。事業に必要な運転資本が譲渡対象に含まれていない場合，買い手は自らが運転資本投資をあらためて行う必要があるからである。

また，運転資本は事業を継続していく場合には必ず必要となる投資である。買い手は，仮に運転資本がカーブアウト対象外であっても，事業運営にあたってどの程度の運転資本が必要となるのか，デューデリジェンスなどを通じ把握する必要がある。

以下，個々の運転資本に関する個別の論点である。

【金銭債権債務】

運転資本の大部分は，受取手形，売掛金，未収入金などの金銭債権，および支払手形，買掛金，未払金など金銭債務である。

これら，金銭債権債務を譲渡対象にするか否かは，まずは技術的に分離が可能か否かが問題となる。売上債権や購買債務の得意先，取引先が，他事業と共通であり，かつ，事業ごとの口座を設けていない場合には，その一部を譲渡することは事実上できず，譲渡対象とすることは現実的ではない。

このような場合には，譲渡期日前に発生した金銭債権債務は売り手で決済を行い，譲渡後に新規で発生する金銭債権債務から買い手で決済するようにせざるを得ず，必然的に譲渡対象外ということになる。

事業ごとに顧客および取引先の口座が分離して管理されている場合には，技術的には分離が可能である。この場合には，一般的には，譲渡対象とした場合と，しなかった場合で，全体としてどちらが事務負担が少ないかによって譲渡対象とするか否かが決まることが多い。

例えば，売掛金の回収管理を行う部門・人員がカーブアウト対象に含まれるのであれば，売掛金も移管した方がスムースである。

また，事業譲渡の場合には，金銭債権債務の移管については，債権者保護，債務者保護のため，得意先，相手先の個別同意が必要となるから，当該同意を取るために，どの程度の事務負担がかかるのか，という問題も生じる。ただし，仮に売掛金や，買掛金などの金銭債権債務を移管対象とせず，移管に係る個別同意の手続が必要でなかったとしても，事業の移転を行うのであれば，当然，得意先や取引先に対し，挨拶や，最低でも文書によって当該経緯の説明と，取引継続のお願いはするはずであり，実務的には個別同意の手続と事務負担はそれほど変わるものではない。

　先に述べたように，事業に関連する金銭債権債務が譲渡対象外であったとしても，買い手側は，カーブアウト事業に固有の運転資本がどの程度必要なのかを把握する必要がある。得意先や取引先の口座を事業ごとに分離していない場合，売り手側にとっては，事業に必要な運転資本の範囲を示すことは，一般に困難である場合が多い。

　しかしながら，買い手側にとっても事業の評価を行う上では非常に重要な情報であり，精度の低いデータしか売り手から提供されない場合には，事業価値評価をディスカウントせざるを得ない要素にもなり得る。

【棚卸資産】

　汎用品ではない事業に固有の製品，商品等を取り扱うカーブアウト事業の場合，棚卸資産については，売り手側も譲渡対象にしないと処分に困り，買い手側も独自に調達することは困難であるから，基本的には譲渡対象になる。

　棚卸資産が売り手側でも処分が可能で，かつ，買い手側も独自調達が可能な汎用品の場合には，棚卸資産が譲渡対象外とされることもある。

　棚卸資産の場合，商品や製品の現物の引き渡しを行う際に，買い手側による実地棚卸と，商品，製品の品質や瑕疵の有無の確認が必要となるため，一般に引渡手続が煩雑となる。棚卸資産の譲渡が必然ではない場合には，こうした理由から譲渡対象外とされることもある。

【賞与引当金】

　賞与引当金は，引当金であり，商法上の債務ではないから，譲渡対象にはならない。しかし，事実上は期間に応じて発生する従業員の労働に対する対価であるから，期間に応じて売り手と買い手が従業員に支払わざるを得ない。

　通常は，譲渡日までの売り手に帰属する賞与相当の報酬は売り手において精算し，買い手側には引き継がないことがシンプルである。

　しかしながら，場合によっては，賞与の支給義務を，事実上は買い手が引き継ぐことも考えられる。その場合には，買い手が譲渡日までの期間に対応する支給額を決定して賞与未払金という債務として確定させ，当該債務を買い手側に引き継ぐことになる。

【その他の運転資本】

　前払費用，未収収益，未払費用，前受収益など経過勘定項目については，その計上の根拠となっている契約関係，権利関係が譲渡されるか否かによって，事実上，引き継がれるか否かが決まる。したがって，資産，負債そのものを譲渡対象に含めるか，否かの議論はあまり意味がない。

　例えば，前払家賃については，賃借契約が引き継がれるのであれば，当然前払家賃により享受できる賃借による便益を受ける権利も引き継がれるため，前払家賃が事実上引き継がれることになる。

⑤　資産・負債の範囲の特定〜純有利子負債およびデット・ライク・アイテム

　カーブアウトが，事業譲渡の形態をとる場合，純有利子負債は原則としてカーブアウト対象とはならない。

　純有利子負債は，事業とは直接的な関連の無い資産・負債グループであり，仮にカーブアウト対象に含めたところで，単純にカーブアウトの譲渡価額が上下するだけで，移動に関するコスト相当の不利益が双方に及ぶだけだからである。

　ただし，非事業用資産の中でも，売却が不可能ではないものの，得意先との

関係からすぐには売却できない投資有価証券や，対象事業の工場に隣接する遊休土地などで即時の売却が困難なものなど，事業用資産的な性格を持つ資産，あるいは譲渡対象資産と分離するのが困難な資産などが，カーブアウトの対象となることはあり得る。

また，会社分割を用いてカーブアウトを行う場合には，分割比率の調整のために，借入金などがカーブアウト対象に含められることがある。

なお，店舗展開を行う事業のカーブアウトにおいては，店舗の釣銭が譲渡対象に含められることがあるが，この場合の釣銭は非事業用資産ではなく，運転資金としての運転資本ととらえるべきであろう。

一般に純有利子負債と考えられる資産・負債がカーブアウト対象に含まれている場合には，

> 1）当該資産・負債がなぜカーブアウト対象に含められているか？
> 2）カーブアウト事業との関連性は？
> 3）カーブアウト事業に含められることによるデメリットはないのか？

というポイントを吟味すべきである。

カーブアウト事業の譲渡価格が変わらないで，事業の価値に加算できる可能性がある非事業用資産がカーブアウト対象に付加されているのであれば問題ない。しかし，当該資産が加わることによって譲渡価格が上がるのであれば，当該資産のリスクを踏まえてのディスカウントや，譲渡対象からはずして譲渡対価を下げることを，検討すべきである。

また，逆に有利子負債や，有利子負債類似物が譲渡対象に含まれているのであれば，譲渡対価を当該負債に見合う分下げるよう交渉するか，あるいは譲渡対象から外すことを要求すべきである。

純有利子負債ではないが，M&Aの検討上は純有利子負債に準じて考えられるデット・ライク・アイテムに区分される負債もある。

デット・ライク・アイテムについては，その内容は様々で，ケース・バイ・ケースで，譲渡対象とすべきか検討するしかない。

カーブアウトが事業譲渡の形態をとる場合，債務の移転は個別移転であるから，オフバランスの債務が自動的に譲渡されることはない。

　デット・ライク・アイテムは，一般に，その将来キャッシュ・フローへの影響を特定することが困難であるから，事業に関連する債務であっても，売り手側での精算が可能で，将来の事業運営に支障がないのであれば，引き継ぐことは避け，譲渡対象外とすべきである。

　ただし，譲渡される契約関係，権利・義務関係から，意図しなくとも，事実上，付随するデット・ライク・アイテムが移転する場合がある。そのような場合には，リスクを評価して，カーブアウト事業の取得価額を下げるよう売り手と交渉する以外にない。

　以下，典型的なデット・ライク・アイテムについて述べるが，下記以外にもデット・ライク・アイテムが存在しないか，慎重な検討が必要である。

【退職給付債務】

　カーブアウトに際しての，退職給付債務の取扱いについては，いくつかの方法が考えられる。

　まず，最もシンプルなのは，買い手側が，買い手側に帰属する退職給付債務について従業員に支払を行い精算してしまうことである。

　しかし，カーブアウト後も働き続ける従業員にしてみれば，退職前に精算金を受け取ることに抵抗がある場合も多く，そうした場合には，実際の退職時にまとめて退職金を支払うよう検討が行われる。

　まず，売り手と買い手，それぞれの責任を明確にするためには，売り手で生じた退職給付債務については売り手が，買い手がカーブアウト事業を引き継いでからの債務については買い手が，それぞれ将来従業員が退職した際に支払うことが考えられる。しかしながら，売り手側の企業が，売却した事業の従業員に係る債務を持ち続けることは抵抗も大きい。

　カーブアウト時の精算や，売り手側債務の維持が困難である場合には，買い手が債務を引き継いで，将来，買い手が退職金の総額を支払うことが考えられ

る。この場合には，カーブアウト事業の買収価格を当該債務分下げることになる。

いずれにしても，従業員は事業の継続にとって何より重要な経営資源であるから，カーブアウト時に精算を行わない場合にも，売り手と買い手，および従業員間で，将来支給額と負担関係を明確に取り決める必要がある。

【製品保証債務】

製品保証に係るアフターサービス義務などは，カーブアウト後に売り手が事業から撤退してしまう場合には，買い手が保証義務を引き継がざるを得ない場合が多い。

買い手としては，売り手が提供した製品，サービスについてのアフターサービス義務については，実質的にどの程度の負担となるか不透明な点も大きく，できることなら引き継ぐことは避けるべきである。

しかしながら，顧客サービスの観点から，やむを得ず引き継ぐ場合には，慎重な債務相当の評価を行って買収価格から控除するよう交渉しなくてはならない。また，実務的に可能であれば，価格調整や表明保証条項に織り込み，買い手側のリスク負担に制限を設けることも検討すべきであろう。

【資産除去債務】

典型的には，オフィスの賃貸借契約が移転する場合，当然に原状回復義務も移転することになる。このように，債務の根拠となっている契約関係，義務が移転する場合には，付随する債務も移転してしまうことになる。

定量的評価が困難な資産除去債務については，価格調整や，表明保証条項により買い手側の負担に制限を設けることも考えられなくはないが，一般に資産除去債務の支払は遠い将来であることから実務的には困難である。その場合には譲渡価格の検討において考慮するしかない。

⑥ 資産負債の範囲の特定～その他資産・負債

その他の資産・負債は，財務会計上の要請によって貸借対照表に計上されている資産・負債が主な内容であり，基本的にはカーブアウトの場合に譲渡の対象となるような性質を持つ資産・負債ではない。

【繰延税金資産・負債】

繰延税金資産・負債は，財務会計上の技術的な要請によって計上されている資産・負債であるから，事業譲渡の場合に譲渡の対象とすることはできない。また，実態面においても，繰延税金資産・負債の計上の根拠となる買い手側での税務上の一時差異や，繰越欠損金が，事業譲渡において引き継がれることは通常ない。

なお，カーブアウトが会社分割によって行われ，かつ，税制適格によって課税の繰延が行われる場合などには，税務上の簿価が引き継がれることがある。この場合には，税務上の一時差異が引き継がれ，買い手側において繰延税金資産・負債の計上の検討が必要となる。

ただし，これは，繰延税金資産・負債が引き継がれるわけではなく，あくまで税務上の簿価が引き継がれたことにより，買い手側で，また新たに繰延税金資産・負債の計上が必要となったと考えるべきであろう。

【のれん】

貸借対照表に計上されるのれんは，買収した事業の資産・負債の公正価値評価額と，買収価格の差額を計上したものである。のれんという資産のみが単独で価値を持つわけではなく，したがって，のれんの簿価が価値評価に意味を持つことはない。

【引当金】

引当金については，財務会計上の要請によって貸借対照表に計上されている負債であり，法律上の負債ではないから，本来は事業譲渡によるカーブアウト

の対象とはならない。

ただし，前述した賞与引当金や，製品保証引当金，退職給付引当金は，その実態によってデット・ライク・アイテム，あるいは運転資本として検討が必要な場合があるから，その点は留意しなくてはならない。

(4) 契約の範囲の確認

カーブアウトされる契約の範囲についても，まずは，売り手側に契約リストの提示を求め，買い手側が検討する必要がある。

事業の遂行に必要な契約については，実質的に全て網羅的に移管する必要があるのは言うまでもないが，契約については，買い手側が新たに相手先と契約を締結することが比較的容易に可能であることも多いので，譲渡する契約のリストというよりは，事業に関連する契約の一覧を売り手側が提示し，当該リストによって，譲渡対象とする契約を，売り手と買い手の協議によって決めていく，という手順が採られることが多いかもしれない。

この際に，ポイントとなるのは，資産・負債と同じように他部門と共通に便益を受ける契約である。このような共用契約については，最終的には契約上の地位を単純に移動することはできないから，売り手側から買い手側への二次契約の締結や，買い手が新たに契約を締結するなど，何等かの工夫が必要となってくるからである。

なお，カーブアウト対象に関連する契約リストが網羅的なものであるかについては，契約そのものは目に見えないものであるため，カーブアウト事業で発生する損益面から，当該損益に関連する契約が漏れていないかという目で確認していくことも重要である。

(5) 組織・人の範囲の確認

買い手側としては，売り手側の企業・企業グループ全体の組織図から，各部門の機能と役割を全体として理解した上で，どの部門がカーブアウトの対象となっているかをしっかりと理解する必要がある。

また，部門としてだけではなく，合理的な範囲で，各人別にカーブアウトされる人員の範囲を理解する必要がある。これには，二つの理由がある。

　まず，一つは，カーブアウトされる人・組織の範囲というのは，売り手側の企業，企業グループが部門として管理している範囲がそのままであることはむしろまれで，必ずと言っていいほどイレギュラーな点を含んでいるからである。イレギュラーな点が含まれている場合とは，例えば，営業部門が事業に共通に設定されてはいるが，担当ベースでは各事業担当が設けられていて，当該担当者がカーブアウト範囲に含まれているなどの場合であり，この場合には，担当レベルまで詳細に範囲を理解しないと，どのような機能がカーブアウトされるのか不明確になる。

　もう一つは，仮に部門の区分にイレギュラーな点が無かったとしても，キーパーソンと呼ばれる事業に欠かすことのできない重要な人材を把握するために，各人別のカーブアウト範囲の理解が必要である点である。

　カーブアウトの範囲に含まれる役員，従業員の価値は通常均一ではなく，必ずキーパーソンと呼ばれる事業に欠くべからざる人材とそうでもない人材に分かれている。そして，カーブアウトが事業譲渡の形態をとる場合，想定移管人員としては，売り手と買い手で約束されるものの，最終的に役員，従業員が会社間を異動するか否かは本人の意思である。

　キーパーソンが譲渡事業に含まれるか，そして実際に異動してもらえるか，が事業の価値を大きく左右することは珍しくなく，そうした意味でも各人別にカーブアウトの範囲を確認することは重要となる。

2　カーブアウト事業のキャッシュ・フローの検討

　カーブアウト事業の範囲を明確化したならば，次のステップとして，カーブアウト事業の範囲に沿った，カーブアウト事業の将来キャッシュ・フローの分析・評価を行う。

(1) カーブアウト事業のキャッシュ・フロー検討の留意点

① カーブアウト範囲とキャッシュ・フロー

　カーブアウト事業のキャッシュ・フロー・モデルは，カーブアウト事業の範囲にどのような経営資源（資産・負債，契約，人）があるかによって全く異なる。そのため，カーブアウト事業のキャッシュ・フロー・モデルを検討するためには，その前提となるカーブアウト範囲が特定されている必要がある。

　逆に，キャッシュ・フロー・モデルを検討していく過程で，カーブアウト範囲との不整合が検出され，カーブアウト範囲の問題が明確になる場合もある。

　カーブアウト範囲とカーブアウト事業のキャッシュ・フロー・モデルは，相互が密接に関連している。

② カーブアウト財務情報の吟味

　M&Aの譲渡対象が会社であれば，会社の損益やキャッシュ・フローは，会社法などの法令に基づく財務会計上の要請によって明確に算出されているが，カーブアウト事業の場合には，損益やキャッシュ・フローは，財務会計上特に資料作成は求められていない。

　部門損益管理を管理会計目的で行っている企業は多いものの，どのように部門損益管理を行うかは任意であり，当該部門の定義もカーブアウト事業と同じとは限らない。

　したがって，カーブアウト事業の損益やキャッシュ・フローの分析にあたっては，買い手から提供されるカーブアウト損益情報が，正しい前提条件に基づいて作成されているか，まず吟味することが重要である。

③ スタンドアローン問題とキャッシュ・フロー

　カーブアウト事業の財務情報には，通常，スタンドアローン問題の影響は含まれておらず，あくまで売り手の企業・企業グループ内にある前提で作成されている場合が多い。

　買い手がカーブアウト事業を買収した後には，スタンドアローン問題が発生

する。したがって，売り手から提出された財務情報に対して，買い手が考えるスタンドアローン問題がどのように影響するかを，分析する必要がある。

(2) EBITDAの評価
① カーブアウト財務情報の吟味

　カーブアウト事業の過去損益を分析するためには，まず，売り手に対してカーブアウト事業の過去損益実績資料の提出を求めることになるが，その場合，売り手からは，管理会計上作成している自社の部門損益計算書が提出されることが多い。

　しかしながら，この部門損益資料が，カーブアウト事業の過去実績資料であるとは限らない。カーブアウト範囲の特定において述べたように，企業内で定められている部門とは，あくまで経営管理上定められた概念であり，また，部門に属する資産の概念が明確でないことが多いため，カーブアウトされる事業と部門別損益の部門が同じであることはむしろ稀である。

　部門別損益計算書が加工なしに提供された場合には，部門損益計算書で想定されている部門と，カーブアウト事業の範囲が同じであるか確かめ，違う場合には，何が異なるのかを明らかにしなくてはならない。

　一方，売り手がカーブアウトに際して，ある程度の準備を行っている場合には既存の部門とは異なる範囲で定義付けられるカーブアウト事業に合わせ，カーブアウト事業の損益実績などがまとめられていることが多い。このような財務データをプロフォーマ財務情報と言い，損益実績についてのプロフォーマ財務情報はプロフォーマ損益計算書と言われる。

　既成の部門別損益計算書ではなく，このようなプロフォーマ損益計算書が提供される場合でも，前提としているカーブアウト事業の範囲がどのようなものであるか，必ず確かめなければならない。

　なお，プロフォーマ損益計算書が売り手から提供された場合においても，会社が通常作成している部門損益資料も同時に入手し，部門損益の内容を理解した上で，それをベースにどのようにプロフォーマ損益計算書が作成されている

第3章　カーブアウト事業の調査・分析のポイント ◆ 113

図表 2-3-3 部門別損益計算書とプロフォーマ損益計算書

部門別損益計算書

	A事業	B事業	C事業	部門共通費	本社部門費	管理部門	全社
売上高	1,100	900	700	-	-	-	2,700
売上原価	500	420	380				1,300
売上総利益	600	480	320	-	-	-	1,400
販売費	150	140	130				420
人件費	80	60	30		30	50	250
減価償却費	20	15	10	3	2	3	53
その他	40	25	10	30	20	40	165
研究開発費	100	100	100				300
部門固有費小計	390	340	280	33	52	93	1,188
部門共通費配賦額	11	8	4	△33	4	7	
部門費計	401	348	284		56	100	1,188
部門貢献利益	199	132	36	-	△56	△100	212
本社費配賦額	23	19	15		△56	-	0
共通部門費配賦額	41	33	26		-	△100	-
部門営業利益	136	80	△4	-	-	-	212

C事業損益計算書

	C事業
売上高	700
売上原価	380
売上総利益	320
販管費	280
営業利益	40

or

C事業損益計算書

	C事業
売上高	700
売上原価	380
売上総利益	320
販管費	284
営業利益	36

or

C事業損益計算書

	C事業
売上高	700
売上原価	380
売上総利益	320
販管費	324
営業利益	△4

プロフォーマ事業損益計算書はどのような前提で作成されたものなのか？

かを理解することができるのであれば，買い手にとって非常に有益な情報となる。

　なぜなら，企業が経営管理に用いる部門損益資料では，全社共通費など部門共通費，間接部門などの共通部門費をそれぞれの部門が案分して負担しているから，売り手の傘下での費用負担額がわかるし，また，どのようなサービスが母体から提供されていたのか，スタンドアローン問題の理解に役立つからである。

　プロフォーマ損益計算書が作成されている場合には，カーブアウト範囲には含まれない共通費，間接部門費用などが全く損益に含まれておらず，いわば「お化粧」した形で出てくることが多い。この「お化粧」をした損益計算書を

ベースに考えた場合，本来必要なサービスとそのコストを見落としやすい。

そこで，部門別損益計算書によって，売り手企業内で，共通費，間接費も含めどのようなコストが発生し，事業として成り立っていたかを理解することは，カーブアウト事業をより深く理解することにつながる。

② スタンドアローン問題の特定

カーブアウト事業の損益において独特であるのは，スタンドアローン問題の影響が及ぶことである。ここでは，カーブアウト事業が企業グループ内にあった場合の部門損益計算書を例に，母体から提供を受ける機能/サービス，および母体との取引が部門損益計算書上，どのような費目に，どのように含まれているのか，あるいは含まれていないのかをまず検討したい。このような分析は，スタンドアローン問題を，財務的にどのように定量評価していくかの大きな助けとなるはずである。

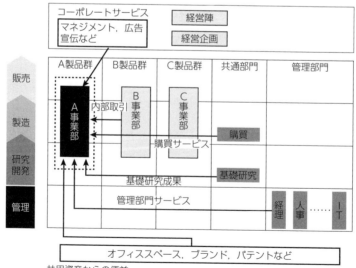

図表 2-3-4　事業部制組織

図表2-3-5 部門別損益計算書とスタンドアローン問題　その1

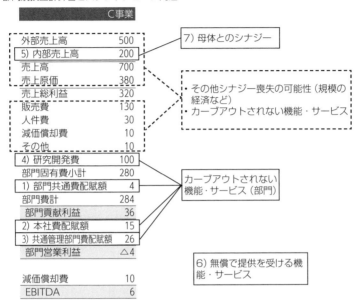

【図表2-3-4　事業部制組織】では，事業部制組織において存在する可能性もある，母体から提供を受けるサービス，および母体との取引を示している。これら，母体から提供を受けるサービスや，母体との取引が，部門別損益計算書にどのように表されているか，順に見ていく。

1）部門共通費配賦額

　部門別損益計算書上，費用は大きく部門共通費と部門固有費に分けられる。部門固有費が特定の部門に紐づけられる費用であるのに対し，部門共通費は全部門，あるいは複数の部門に共通に発生する経費である。

　部門共通費は特定の部門には割り振ることができないため，部門共通費としていったん別に集計し，その後に何らかの基準，例えば部門の人数割りや，部門が使用するスペースの面積割りなどで配分を行っている。この配分額が，部

門共通費配賦額，あるいは単に共通費配賦額である。

部門共通費の主な内容は，本社オフィスなど共通施設の賃借料，本社オフィス設備や全社ソフトウェアなど共通資産の減価償却費，共通施設に関する光熱費，固定資産税など全社共通で使用する資産・設備に関連する経費などである。その他，通信費，新聞図書費など，本来は各部門に固有に発生する費用であるが，別に把握するほどの重要性がない場合に，特に部門に割り振られず，部門共通費として取り扱われている場合もある。

部門共通費は，基本的には，特定の事業部門に固有に発生する経費ではなく，カーブアウトによって母体から切り離された場合には，カーブアウト事業では通常発生しない経費である。

しかしながら，カーブアウト事業が母体傘下において，部門共通費配賦額として経費の一部を負担していたのは，当該経費負担に対応した，共通施設等の使用などのサービス提供を母体から受けていたということである。

よって，当該共通費の内容を分析することで，カーブアウト部門に必要だが今後は提供されなくなるサービスの内容をおおよそ把握できる。

なお，通信費や，新聞図書費など，本来は部門固有費であるが，重要性から部門共通費として取り扱われている費用がある場合，当該費用はカーブアウト後も発生する費用である。重要性がないレベルであれば問題ないが，重要な費用が含まれている場合には留意が必要である。

2) 本社費配賦額

本社費には，社長や全社的なマネジメントを行う上級役員の報酬，IR費用，広告宣伝費など全社的なマネジメント，対外活動にかかわる費用が集計されていることが多い。経営戦略室・社長室など全社マネジメントにかかわるコーポレート部門の人件費その他のコストを含めて本社費と称されている場合もある。そして，本社費配賦額は，売上比，人員比などで配賦されている各部門の負担額である。なお，企業によっては，本社費も含めて部門共通費と称している例もある。

本社費配賦額も，当該部門に固有の経費ではないため，カーブアウト後には基本的には発生しない費用である。また，カーブアウト後は母体から本社費負担額に対応するサービスの提供は原則として受けられなくなる。

　ただし，本来は全社のマネジメントを行っていた役員，あるいはコーポレート部門の人員が，カーブアウト事業の範囲に含まれる場合もあり得る。このような場合には，カーブアウト事業固有の経費としてカーブアウト後にも発生する経費となる。

3）　共通部門費配賦額

　部門共通費以外の費用は部門固有費と呼ばれ，部門別損益計算上で設定された各部門ごとに集計される。

　部門は，基本的には事業ごとに分けられている直接部門と，直接部門をサポートするミドルオフィス機能，バックオフィス機能を担う間接部門とに大きく分けられる。そして間接部門の多くは，複数の直接部門にサービスを提供していることから共通部門とも呼ばれる。

　共通部門費は，共通部門であるバックオフィス部門，ミドルオフィス部門に集計される経費である。部門別損益計算では，共通部門の経費を，部門ごとにいったん共通部門費として集計し，その後，各部門が提供するサービスの性質に応じて，売上比，人員比など適切な基準で直接部門に配分しており，この配分額を共通部門費配賦額という。

　共通部門はカーブアウト事業以外の事業にもサービスを提供しているため，通常はカーブアウト範囲に含まれず，共通部門費配賦額はカーブアウト後には発生しない費用となる。一方，直接部門が共通部門費配賦額を負担しているということは，基本的には当該間接部門からサービスの提供を受けているということである。当該サービスについては，何らかのかたちで買い手が補完しないと事業継続に支障が出る。

　共通部門の代表例は，財務・経理，人事，法務，総務，ITなどバックオフィスの管理部門であるが，管理部門以外にも，購買，流通，品質管理，アフター

サービスなどのミドルオフィス部門や,場合によっては販売部門や製造部門などの現業部門の一部も共通部門として設定されていることがある。

まず,管理部門などバックオフィス部門は,通常,カーブアウト対象とはならない。一方,ミドルオフィス部門や現業部門の共通部門については,事案によって取り扱いが異なり,共通部門の一部を分割してカーブアウトの範囲に加えることも考えられる。

共通部門がカーブアウト範囲に含まれない場合には,共通部門費はカーブアウト後には発生しないが,対応するサービスは買い手が補完すべき項目となる。

また,共通部門の一部をカーブアウトに含める場合には,対応する費用が,共通部門費配賦額ではなく,部門固有費として直接発生する経費となる。

共通部門費配賦額は,共通部門費を売り手内の各事業部が便宜的に案分して負担しているだけなので,配賦額の金額自体はあまり意味のある数字ではない。しかしながら,カーブアウト対象部門が負担していた共通部門費配賦額の内容を分析することで,どのような機能・サービスの提供を母体から受けていたかを知ることができるため,非常に有益な情報となる。

4) 研究開発費

研究開発費は,特定の費目を指すものではなく,研究開発部門で発生した費用を指す。

研究開発部門は,全社で一つの研究開発部門が設定されている場合,基礎研究には全社で共通の部門が設定され,応用研究,設計,生産技術研究などは事業ごとに設定されている場合,事業ごとに完全に独立で設定されている場合など,企業によって位置付けは様々である。また,現業部門との関係も,研究開発部門が自律的に運営されている場合もあれば,各事業部に完全に組み込まれている場合もあり,一概には言えない。

カーブアウトの事案においては,研究開発部門がカーブアウト対象に含まれる場合もあれば,含まれない場合もある。また,基礎研究部門は含まれないが,より事業に近い研究課程は含まれるなど,様々なパターンが考えられる。カー

ブアウト事案に応じて，カーブアウト事業に含まれる研究開発サービスの内容と買い手が補完しなければならないサービスの内容，発生するコスト水準を検討する必要がある。

5） 内部取引（内部売上高等）

内部取引は，他部門に対する販売や，他部門からの仕入など母体内部の他部門との取引である。

例えば，機能別組織における製造部門などの場合には，事業部門の売上すべてが内部売上ということもあり得るが，事業別制組織の場合には，内部売上は，外部に部品供給もしているが，一部は他の製品の部品として他部門に供給する場合など，通常は限定的である。

対象事業がカーブアウトされた場合，内部取引は外部取引となるが，影響は2つ考えられる。

一つは，内部取引の取引価格の問題である。内部取引は，本来は企業内部で擬制されている管理会計上の処理であるから，取引条件は管理会計上の要請によって設定されているに過ぎない。例えば，売上元の事業部門の製造原価のまま利益を乗せずに売上が計上されている場合もあれば，企業内部の事情により売上元の事業部の赤字圧縮のために，外部に売上げるより高い利益率が設定されている場合もある。

このように，外部の市場で販売する場合のいわゆる「アームスレングス」（＝市場価格）での取引条件とは異なる取引条件で内部取引が計上されている場合には，カーブアウトによって当該部門が外部となった場合に，取引条件が変更され，事業の収益性に影響を与えることが考えられる。

もう一つは，取引の継続の問題である。企業内部の部門であれば，特定部門の稼働率を維持するため，他の部門にとっては多少高い買い物となっていても他部門の製品を仕入れることも十分にあり得る。このような部門がカーブアウトにより外部になった場合には，取引が継続されず，カーブアウト事業の収益性に影響を与える可能性がある。

6）無償で提供を受けるサービス

以上，部門別損益計算書上に現れる他部門からの機能・サービスの提供，内部取引について見てきたが，カーブアウトによる影響がこれで網羅されているとは限らない。

その一つは，部門別損益計算書上は特に配賦，負担が行われておらず，いわば無償で提供されているサービスの問題である。

例えば，ブランドは，ブランドの形成のために何か特定の費用を支出しているわけではなく，通常は長い年月の営業の過程で自然に形成されたものであり，外部から商標権を別途購入するなど特別な事業がない限り費用認識はされておらず，部門別損益計算書にも反映されない。

しかしながら，事業にとって，ブランドは時として大きな意味を持ち，ブランドを失った場合には事業の価値が大きく棄損することがあり得る。カーブアウトによりブランドを失う場合には，当該ブランドに代わるブランドを買い手が代替補完するか，あるいはブランド使用料を売り手側に支払って継続使用するなどの対策を講じなければならない。

このように，無償で利用しているが，重要なサービスの提供を受けている可能性のある項目としては，ブランドの他にも，保有IP（特許権など知的財産権）や，クロスライセンスにより使用するIP，基礎研究成果の提供，全社での広告宣伝の効果など様々なものが考えられる。

これらのサービスは，母体傘下にあっては，サービス利用にあたっての費用を特に負担していなくとも，カーブアウトにより外部へ出た場合には，追加的な費用，投資が発生しうる。

7）母体とのシナジー

もう一つ無償で利用しているが，重要なサービスの提供を受けている可能性のある項目としては，母体とのシナジーが考えられる。例えば，他部門との共同購買によって規模の経済を発揮し，バーゲニングパワーによって割安な購買ができているとしても，当該事実は部門別損益計算書を見てもわからない。こ

図表 2-3-6 部門別損益計算書とスタンドアローン問題　その2

部門別損益計算書での項目	内容	例	備考
部門共通費配賦額	各部門に固有ではなく，共通に発生する経費(=共用されている経営資源等)	・オフィス賃料 ・オフィスの減価償却費 ・オフィス関連のその他経費 など各部門に個別に割り振っていない経費	
本社費配賦額	全社マネジメントの経費	・社長などマネジメントの報酬 ・本社コーポレート経費 　- コーポレート部門の人件費，経費 　- 広告宣伝費	・本社費と部門共通費が一緒に取り扱われている例も多い
共通部門費配賦額	管理部門など共通部門費	・経理，財務，人事，法務，総務，ITシステム，経営企画など管理部門の経費 ・管理部門以外にも，購買，流通，品質管理，アフターサービス，営業など様々な現業部門も共通部門として設定されている例が多い	
研究開発費	研究開発部門の経費	・販売費及び一般管理費の研究開発費	
内部取引	部門間売上・仕入などの内部取引	・事業部間売上・仕入 ・事業部間での商品・製品振替 ・その他同一会社内，あるいは企業グループ内での擬制取引	・事業部間の取引は，そもそもカーブアウトされてしまったら継続するか否かわからない ・仮に継続したとしても取引条件が見直される可能性が大きい
無し	部門別損益計算書では記録されていないサービス	・ブランドの使用 ・保有IPの使用 ・クロスライセンスによるIPの使用 ・基礎研究成果の使用 ・広告宣伝の効能	・部門別損益計算書で損益とは認識されていないが，実際には内部のカーブアウトされない部分から提供を受けているサービスがある

のような母体とのシナジー効果についての影響は，財務面からのアプローチでは発見することは難しく，事業面からのアプローチと合わせて検討していかなければならない。

③ 企業グループからの会社単位のカーブアウトの場合のスタンドアローン問題の特定

前項では，企業内の事業がカーブアウトされる場合のスタンドアローン問題の特定のアプローチを見たが，企業グループ傘下の事業会社がグループから離脱する場合のスタンドアローン問題について，損益計算書からどのように分析するかを考えたい。

会社単位のカーブアウトであれば，分析の基礎とする損益計算書は事業会社の損益計算書ということになり，その点ではカーブアウト型ではない通常のM&Aと変わるところはない。しかしながら，企業グループの中の事業会社をカーブアウトする場合には，主としてグループ間取引の中にスタンドアローン問題が潜んでいる。

ただし，カーブアウト対象が企業内の一事業である場合とは異なり，カーブアウト対象の事業会社は独立した法人であるから，母体グループからのサービスの提供は，独立した法人間の取引として，原則として契約に基づいて行われ

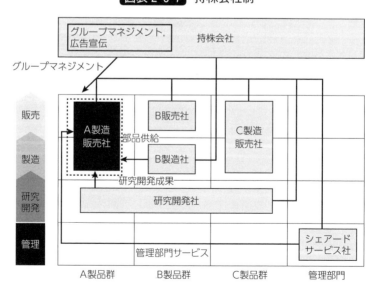

図表2-3-7　持株会社制

図表 2-3-8 カーブアウトされる事業会社の損益計算書とスタンドアローン問題 その1

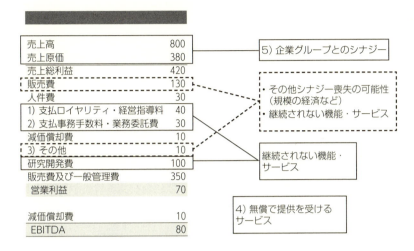

ている。その意味では，サービスの提供関係については，企業内の一事業である場合に比べて明確になっている。

1) 支払ロイヤリティ・経営指導料

持株会社傘下の事業子会社では，支払ロイヤリティ・経営指導料などの名目で，グループ持株会社のブランドやノウハウの使用，グループマネジメントなどに対する支払報酬が設定されている場合がある。

支払ロイヤリティ・経営指導料は，持株会社からの役員・従業員派遣や，経営企画部，経理，法務，人事，ITなどコーポレート・管理部門に関する持株会社からの支援費用，グループ全体の広告宣伝費など，比較的具体的な費用の対価として設定されている場合もあれば，持株会社のコスト相当が比較的あいまいに配分され，必ずしも内容が具体的ではない場合もある。

支払ロイヤリティ・経営指導料は，当該会社がグループを離脱した場合には原則として発生しない費用である。支払ロイヤリティ・経営指導料の支払対象

となる具体的サービスの中で，カーブアウト後も必要なサービスについては原則として，買い手側が補完しなくてはならない。

なお，支払ロイヤリティが，個別具体的なブランドや知的財産権などの使用に対して支払われており，カーブアウト後の事業継続にも必要不可欠である場合には，継続使用を前提に，第三者間の取引を前提にした取引条件を売り手と買い手が交渉しなければならない。

2) 支払事務手数料・業務委託費

支払事務手数料，業務委託費などの名目で，持株会社や，グループのシェアードサービス会社に，経理，財務，人事，法務，総務，ITなど管理事務に関するシェアードサービス報酬を支払っている場合がある。

シェアードサービスなどの業務委託取引は，企業内部の情報を共有することにつながるため，基本的にはグループ内であることを前提にした取引である。したがって，グループを離脱する場合には，こうした業務委託を継続しない場合が多い。

なお，直ぐには当該サービスを買い手が補完できない場合には，TSAを締結し，暫定的にサービスを提供してもらうことや，LTSAによりある程度中長期的なサービス提供を受けることがある。

3) その他の取引

その他，売上，仕入，外注費・製造委託費，研究開発委託費用など，母体企業グループのサプライチェーンの中でのカーブアウト事業会社の位置付けによって，様々なグループ間取引が存在し得る。

このような取引については，常に，グループ離脱後も継続するのか，継続するとして取引条件は維持されるのかという点を念頭に吟味する必要がある。

カーブアウト事業が企業内の一事業であった場合の内部取引とは異なり，独立の法人間の取引であるため，税務上の問題も踏まえ原則としてはアームスレングスで取引が行われているはずであるが，企業グループから離脱した場合に

取引が継続するか，どのような取引条件になるかは，当該事業の持つ市場での競争力と企業グループの事情により様々である。

4) 無償で提供を受けるサービス

独立の法人間といえども企業内部の一事業のカーブアウトと同じように，事実上無償のサービスが提供されている可能性は否定できない。

例えば，ブランドである。ブランドについては，その形成にかかった原価が必ずしも明確ではないため，コストを負担することなく企業グループ内の各事業会社が使用するか，あるいは支払ロイヤリティ・経営指導料の中で包括的に使用対価を負担するかのどちらかであることが多く，企業グループ内部にある限り明示的なコスト負担はない。しかし，グループから離脱する場合，通常はブランドを継続使用することができないし，仮にグループから離脱してもなおブランドを使用する場合には，何らかの契約や，対価の支払いが必要になる。

他にも，企業グループで保有する（あるいはライセンスにより使用する）IP，基礎研究成果の提供，広告宣伝の効能などは，明示的にコストを負担することなくサービスの提供を受けているが，事業にとって必要欠くべからざるサービスである可能性がある。

このように事実上無償でサービスを使用しているものがある場合で，企業グループを離脱した場合には，当該機能・サービスを補完する必要が出てくるため，場合によっては追加的なコストとなる可能性がある。

5) 母体企業グループでのシナジー

母体の企業グループとのシナジー喪失の影響は，当然あり得る。ただし，企業内の事業の場合と同様に，財務面からのアプローチだけで発見することは難しく，事業面からのアプローチと合わせて検討していかなければならない。

④ 損益面のスタンドアローン問題の定量評価

提出されたプロフォーマ損益計算書，あるいは部門損益資料については，正

図表 2-3-9 カーブアウトされる事業会社の損益計算書とスタンドアローン問題　その2

損益計算書での項目	内容	例	備考
支払ロイヤリティ/経営指導料	グループ持株会社へのマネジメント報酬など	・持株会社のマネジメント報酬、スタッフ人件費、経費など ・ブランドやノウハウの使用 ・グループ全体の広告宣伝費	
支払事務手数料など	グループのシェアードサービス会社への支払報酬	・経理、財務、人事、法務、総務、ITシステムなどシェアード・サービスによって提供を受けるサービス・機能	
グループ間取引	企業グループ間取引	・売上・仕入 ・外注費、製造委託費など ・研究開発委託 ・その他業務委託	・カーブアウト後は継続しない（できない）可能性がある。 ・企業内部の事業部門間取引とは異なり、一応独立した企業間の取引とはなっているものの、第三者間取引の取引条件とは異なる可能性
無し	記録されていないグループ間サービス	・ブランドの使用 ・保有IPの使用 ・クロスライセンスによるIPの使用 ・基礎研究成果の使用 ・広告宣伝の効能	・グループ内の取引とは認識されていないが、実際には内部のカーブアウトされないグループ企業から提供を受けている機能・サービスがある可能性

常収益力分析、損益構造分析、損益推移分析など通常の分析を行ったうえ、さらに、先ほど抽出したスタンドアローン問題を定量的に分析してみることが必要である。

提示を受けたプロフォーマ損益計算書、あるいは部門損益計算書にカーブアウト後には発生しない費用が含まれていれば、まず、その費用を控除する。その上で、カーブアウト事業が事業を継続するために費用な機能を補完するための費用（あるいは設備投資）を見積もることになる。

また、内部売上の影響、共同購買、共同の営業ルートなど規模の経済の喪失に伴うシナジー喪失の影響があれば、当該影響を考慮する。

このようなシミュレーションを、まずは損益実績に対して行ってみることは、

図表2-3-10 カーブアウト事業のEBITDA評価過程

	C事業	今後発生しない経費	機能代替	シナジーの喪失	カーブアウト後	買い手とシナジー	シナジー考慮後
外部売上高	500				500	100	600
内部売上高	200			△50	150		150
売上高	700	-	-	△50	650	100	750
売上原価	380			△30	350	60	410
売上総利益	320	-	-	△20	300	40	340
販売費	130				130		130
人件費	30				30		30
減価償却費	10				10		10
その他	10				10		10
研究開発費	100				100		100
部門固有費小計	280	-	-	-	280	-	280
共通費配賦前部門利益	40			△20	20	40	60
共通費配賦額	4	△4	2		2		2
部門貢献利益	36	4	△2	△20	18	40	58
本社費配賦額	15	△15	5		5		5
管理部門費配賦額	26	△26	10		10		10
部門営業利益	△4	44	△17	△20	3	40	43
EBITDA	6	44	△17	△20	13	40	53

将来の事業計画モデルの検討のために非常に有用な情報となる。

　なお，以上の見積りについては，財務面からのアプローチで見積もるのは困難であるため，オペレーショナル・デューデリジェンス，あるいは事業デューデリジェンスなどでの検討も必要である。

　なお，以上のカーブアウト事業のEBITDAの検討では，カーブアウト事業が売り手の傘下を離れ，買い手側傘下に入った場合の収益水準をシミュレーションすることを想定しているため，完全にスタンドアローンとして独立した場合の収益性は示していない。

　例えば，【図表2-3-10　カーブアウト事業のEBITDA評価過程】では，買い手側の既存組織などで代替できる機能についての費用は発生しないこととしているし，また，買い手側とのシナジー効果についても考慮している。

　例えば，完全にスタンドアローンとして運営する場合のキャッシュ・フロー

に基づく価値が，売り手と買い手にとってフェアな価値であるとの主張も主張としてはありうるため，売り手との買収価格交渉において，買い手による機能代替の費用や，買い手側とのシナジー効果を，どのように評価し，交渉するかは以上のシミュレーションとは別問題であり，その点は複層的な視点が必要である。

⑤ 母体からのサービスの補完方法

母体から受けているサービスを喪失する場合，その補完費用を見積もるためには，まず，どのような方法によってサービスの補完を行うかを想定しなければならない。

カーブアウトされない機能・サービスの補完については，前述したように，まず，買い手側の経営資源で代替可能な場合と，代替できない場合に分かれる。

1）買い手が代替可能なサービス

例えば経理，人事，法務，総務，ＩＴなどバックオフィス機能や，全社マネ

図表2-3-11 母体からのサービスの補完方法

```
カーブアウトされない機能・プロセス
├─ 買い手の経営資源で代替可能
│   └─ 追加投資・コストなしで事業の維持継続
└─ 買い手の経営資源で代替不可能
    ├─ 新規雇用
    ├─ アウトソーシング（業務委託契約）
    ├─ 新規設備投資
    ├─ 新規資産賃借契約
    └─ TSA/LTSA
```

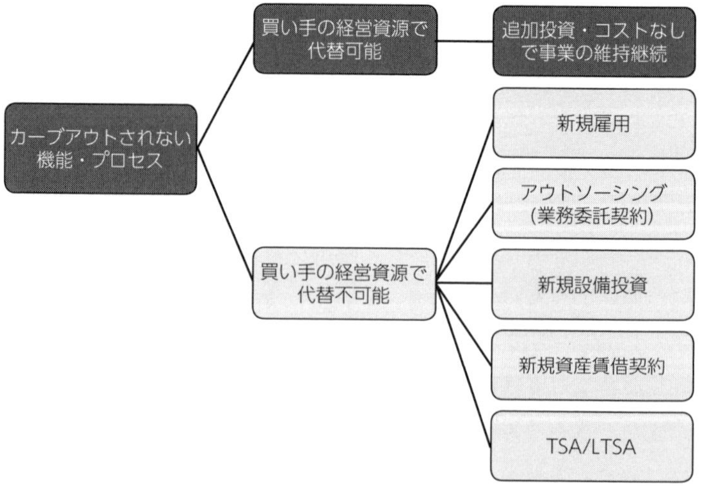

ジメント機能などのコーポレート機能など，買い手側が既に備えており，かつ，カーブアウト事業にも共通でサービスを提供できるのであれば，特に人員の拡充や，業務委託契約の拡大を行わなくともサービスの提供が行える。このように，買い手側の既存の経営資源でサービスの補完ができるのであれば，買い手にとって，スタンドアローン問題の補完についての追加的費用はゼロということになる。

なお，買い手によるサービスの代替は，買い手が提供するシナジー効果であるとも言え，追加費用ゼロを前提としたEBITDAは，スタンドアローンでのEBITDAとは異なるものである。例えば事業投資家ではなく金融投資家が買い手であれば，自社で代替できるサービスは基本的には無いため，補完コスト控除後のより低い水準のEBITDAしか見込めない。

当該効果をどのように捉えるかは，売り手と買い手の交渉状況，M&Aが相対で検討されているのか，ビッド（競争入札）となっているか，など状況によって変わり得る。買い手が追加コストなしで代替できる機能であっても，スタンドアローンとなった場合にはどの程度の費用負担が生じるのか，という視点は事業投資家の買い手にとっても有用である。

2) 買い手が代替できないサービス

買い手の経営資源で代替できないサービスは，他の何らかの方法により補完しなくてはならないが，補完方法には，複数の選択肢があり得る。

サービスが，管理部門その他の共通部門サービスなど，人の労力に起因するものであれば，従業員の新規雇用や派遣契約により労働力を拡充することで補完することが考えられる。

また，一般に新規に雇用，あるいは契約した人員を戦力とするためにはある程度の時間が必要であるため，当該機能を業務委託契約によってアウトソーシングするのも有力な選択肢である。

サービスが，オフィスや，製造設備など資産に起因する場合には，新規設備投資が必要となる。オフィスの賃借契約を新規に締結するなど，賃借契約を締

結することも考えられる。

なお、業務委託契約や、資産の使用契約を売り手との間で締結することも考えられる。当該契約は、TSA（Transition Service Agreement）、LTSA（Long Term Service Agreement）とも呼ばれる。

⑥ TSA/LTSA

TSAはTransition Service Agreementの略であり、カーブアウト事業の移行期間における売り手から買い手への暫定的サービス提供契約のことである。

LTSAはLong Term Service Agreementの略であり、TSAが移行期における一時的なサービス提供契約を想定しているのに対し、より長期的なサービス提供を想定している契約を指す。

実はサービス補完の最も手っ取り早い方法は、このTSA/LTSAである。何故なら、カーブアウト前は売り手がサービスを提供していたのであり、サービス提供可能なリソースを持っているだけではなく、カーブアウト事業を誰よりも熟知し、支援できる存在だからである。

1） 買い手側のTSA/LTSAのメリット

TSA/LTSAの締結は、一面において買い手にとって大きなメリットとなる。

まず、買い手が買収後に直ちには補完できないサービスを、即座に提供してもらえる。また、買い手にとってカーブアウト事業を買収することで最も懸念されるのは、事業の継続性を維持し、事業を毀損させないで運営できるのか、という点であり、この点、TSA/LTSAを締結していれば、売り手側のカーブアウト事業への一定のコミットが得られることから、買い手は安心できる。

2） 売り手側のTSA/LTSAのメリット

売り手にとっても悪い話ではない場合が多い。カーブアウト事業売却後、売り手にとっての課題は、カーブアウトによる規模の縮小によって生じた余剰インフラ部門のリストラクチャリングであるが、TSA/LTSA契約の締結により

サービス提供の対価としてのキャッシュ・フローがあれば，リストラクチャリングを行わなくても良いからである。

また，買い手のカーブアウト事業の買収における大きなディスカウント要因になりうる事業の継続性への不安を払拭することによって，より高値での売却が期待できる場合がある。

さらに，売り手が売却後も一定の支援を行うことは，カーブアウトにおける売り手側の大問題である，カーブアウト事業の従業員の不安を軽減できる可能性がある。

3) 買い手側のTSA/LTSAのデメリット

ただし，TSA/LTSAも良い点ばかりではない。まず，買い手にとっては，業務提供の対価を支払う必要があり，キャッシュアウトとなる。また，TSA/LTSAの範囲が広範に渡る場合，実質的にはオペレーション上はカーブアウトが行われていないのと同じになり，カーブアウトの意義が失われてしまう恐れがある。

4) 売り手側のTSA/LTSAのデメリット

売り手側にしても，買い手側が支払うTSA/LTSA相当は買収価格からディスカウントが行われるはずであり，理論的にはTSA/LTSAで生じる将来キャッシュ・フローの増加とトレードオフとなるはずである。

また，カーブアウトを機に大規模なリストラクチャリングを実施し，事業構造の変革を目指す場合には，TSA/LTSA契約が足かせとなり，有効なリストラクチャリングを実施できない可能性がある。

以上のように，TSA/LTSAは，カーブアウトの障害となる可能性がある事業の継続性の問題に対しては，非常に有効な解決手段となり得る。使い方を誤らなければ，急激な環境変化が生じ，事業の棄損リスクが少なくないカーブアウト型M&Aでは，TSA/LTSAの緩衝効果によるリスク低減策が有効である

図表2-3-12 代替コストの見積方法

見積方法	良い点	悪い点
1) 自社の現場担当者などによる個別見積り	・事業に実際に従事している担当者が見積もるので信頼性が高い ・買収後の実行担当者に見積もらせれば、ポストディールにおけるコミットメントが高まる	・DD期間、情報の開示範囲などは通常制限があり、見積りに必要な情報がとれない可能性
2) ベンチマークを利用	・客観性がある ・データが入手できれば簡単に見積り	・信頼できるベンチマークデータの入手は一般に困難 　- 通常は非公開 　- 状況、範囲が近似していることが条件
3) 売り手におけるコストを参考	・簡単 ・暫定的なサービス提供契約を売り手から受ける場合には現実感のある目安	・母体におけるコストは共通費等の「配賦額」であることが多く、数字自体には意味がないことが多い

場合は多く、スタンドアローン問題の解決策として、検討してみる価値は大いにある。

⑦ スタンドアローン費用の見積アプローチ

では、具体的に喪失するサービスを補完した場合の費用は、どのように見積もったら良いのであろうか。見積りにはいくつかのアプローチが考えられる。

1) 個別見積り

まず、最も精度が高いのは、事業あるいは当該サービスに精通した現場担当者や専門家が、個別に代替コストを見積もることである。

費用見積りは、通常、増加人員など人に付随して発生する人件費および人員に付随する費用と、その他の費用に分けられる。人員増に付随する費用については、当該サービスに関して何名の増員が必要となるか想定できれば、人員相

当の人件費＋一人当たり経費相当額を利用してある程度の見積りが行える。その他の費用や設備投資については，個別に見積もる以外にはない。

いずれにしても，買い手側が事業会社で，当該事業やサービスに精通した担当者がいれば，比較的容易に見積りは行えるだろう。

しかしながら，買い手が金融会社であれば，外部コンサルタントなど事業に精通した専門家と契約する必要があるし，そうした人材を探すのも困難である。また，事業会社であっても，カーブアウト事業が自社とは異なる事業の場合には当該事業や機能に精通した専門家がいないケースも多い。また，専門家がいたとしても，M&Aのプロセスがオークションビッドである場合には，情報開示の範囲，期間とも限定されていることが多く，個別のアプローチによって代替費用を見積もることは困難なことが多い。

2) ベンチマーク

個別見積りが困難な場合に，詳細な情報がなくとも，ある程度合理的な見積りを行うアプローチとして，ベンチマークの利用による見積りが考えられる。

ベンチマークとは，同業種同業態の優良会社，あるいは平均的な会社の水準を目指すべき指標として目標とする考え方である。このベンチマークの考え方を応用することで，スタンドアローン事業の機能の補完には，理想的には，あるいは業界標準では，どの程度のコストがかかるのかを比較的簡便な手法で推し量ることができる。

例えば，特定の業界が，IT部門にどの程度のコストをかけているのかというデータを持っていれば，同じ業界に属するカーブアウト事業のIT機能を補完するためにおよそどの程度のコスト，あるいは投資が必要か把握することができる。

ただし，ベンチマークによる見積りのためには，ベンチマーク・データを持っていることが前提となる。業界団体，あるいはデータ分析会社等により当該業界のデータが公表されていれば，誰でも比較的簡単にベンチマーク・データが入手できるが，欲しい業界のデータが公表されているとは限らない。コン

サルティング会社であれば,ある程度は系統的にデータが集積されているかもしれないが,ピンポイントでその業種,業態に特化したデータを持っているかというと,そうではないケースも多いだろう。

3) 売り手におけるコストを参考

単純ではあるが,売り手企業の傘下でカーブアウト事業が負担していたコスト,すなわち共通部門費の配賦額等をサービスの補完に必要なコストと考えることも,特定の状況では合理性を持つ。

確かに,共通部門費の配賦額は,ある特定の企業で発生していた総額を,企業内の部門に何等かの基準で配分したものにすぎず,その意味では意味のない数字であるように思われる。

しかしながら,仮に,売り手と買い手の間で,当該サービスの提供契約が締結されることを考えると,当該費用がベースとなって交渉が行われるはずである。また,売り手と買い手が同規模の会社であれば,売り手傘下にあった場合の費用負担額が,長期的には必要となる当該機能のコストと考えることに一定の合理性はある。そして何より,共通費の配賦額は,数字として買い手が提供してくれればすぐに入手できる数値である。

また,TSA/LTSA契約を締結する場合には,共通部門費の配賦額は,売り手にとっては損益計算書上,共通インフラ部門のリストラクチャリングをしなくとも損益がマイナスとならない金額であるから,TSA/LTSAの対価の交渉の一つの目安となる金額である。

さらに,買い手が売り手との交渉において,事業のスタンドアローンでの運営を規定して買収価格交渉を行う場合には,共通費の配賦額を,当該事業に必要なサービスのコストと便宜的に考えることは有効なアプローチである。

(3) 必要運転資本水準とスタンドアローン問題

一般に,事業価値評価上,運転資本の増加は運転資本への投資=キャッシュアウトと評価され,事業価値を低くする方向に働く。したがって,M&Aにお

いて運転資本の水準を評価することは，損益の評価と同じ程度の重要性を持つと言っても過言ではない。

さらに，カーブアウト型M&Aの場合には，それに加えてカーブアウト特有の問題も生ずるため，運転資本については，より慎重な検討が必要である。

① カーブアウト範囲の違いによる運転資本投資水準の違い

カーブアウトの場合には，売掛金，棚卸資産，買掛金などの運転資本が，カーブアウト範囲に含まれる場合と含まれない場合がある。そして，カーブアウト範囲に含まれない場合と，含まれる場合によって，買い手にとってのカーブアウト後の必要運転資本投資の水準が，大きく異なることになり，結果として，事業価値の評価が異なることになる。

まず，運転資本がカーブアウト対象の場合，買い手は事業に必要な運転資本を事業譲渡日時点で受け取ることになるから，当座は買い手が追加的に運転資本投資を行う必要はない。

一方，運転資本がカーブアウト対象外の場合，事業譲渡日に買い手が必要な

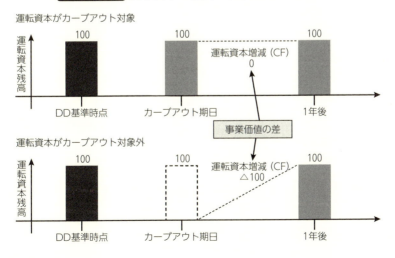

図表2-3-13 運転資本の範囲の事業価値への影響

運転資本がないことから，譲渡日後に事業に必要な運転資本水準まで買い手が運転資本投資を行う必要がある。

よって，運転資本のカーブアウト範囲が異なることで，明確にカーブアウト事業の価値が異なる。もう少し感覚的に言えば，売掛金がカーブアウト範囲に含まれていれば，その後当該売掛金を回収して現金化できるが，売掛金がカーブアウト範囲に含まれていなければその現金を手にすることはできず，明らかにカーブアウト事業の価値が異なることがわかる。

以上のように，運転資本のカーブアウト範囲が異なることで明確に事業価値が異なることから，運転資本のカーブアウト範囲が決まらないと事業価値を算出することはできない。

また，仮に運転資本をカーブアウト範囲に含めない場合にも，買い手は当該事業の運転資本水準を知る必要がある。なぜなら，その後必要となる資金投入＝運転資本投資の水準を知らないと，事業価値の評価ができないからである。

② カーブアウトによる決済条件の変化

カーブアウト事業が，母体傘下でのシナジーを失う可能性があるものの一つに，得意先や取引先との取引条件の変更がある。

一般に業界のトップ企業や，規模の大きな企業は，得意先，取引先との交渉力が大きく，決済条件でも優遇されている。また，母体傘下のグループ会社との取引では，決済条件に特別の優遇が行われていることもある。

このような事業が外部にカーブアウトされた場合，決済条件の変更によって必要運転資本の水準が変わり，買い手側にとって思わぬ資金投下が必要となる可能性がある。したがって，スタンドアローン問題の一つの典型として，取引条件の変更の可能性は常に留意しておくべきである。

③ どのようにカーブアウト事業の運転資本を把握するか

たとえ大企業であっても，カンパニー制を採用している企業はごく少なく，事業ごとに貸借対照表を作成している企業はまれである。運転資本についても，

図表 2-3-14 運転資本の範囲による事業価値評価の違い

①運転資本が譲渡対象

	予測期間 1年目	2年目	3年目	継続期間 4年目以降
営業利益	2,000	3,500	4,500	4,500
法人税等	600	1,050	1,350	1,350
NOPLAT	1,400	2,450	3,150	3,150
減価償却費	200	200	200	200
グロスCF	1,600	2,650	3,350	3,350
設備投資	(150)	(250)	(200)	(200)
期首運転資本	3,000	3,000	3,500	4,000
期末運転資本	(3,000)	(3,500)	(4,000)	(4,000)
運転資本増減	0	(500)	(500)	0
FCF	1,450	1,900	2,650	3,150
			継続価値	33,037
割引率	10.00%			
割引現在価値	1,383	1,647	2,088	24,822

譲渡対象資産負債
- 売掛金　8,000
- 買掛金　(5,000)
- 有形固定資産　30,000

事業価値　29,939

②運転資本が譲渡対象外

	予測期間 1年目	2年目	3年目	継続期間 4年目以降
営業利益	2,000	3,500	4,500	4,500
法人税等	600	1,050	1,350	1,350
NOPLAT	1,400	2,450	3,150	3,150
減価償却費	200	200	200	200
グロスCF	1,600	2,650	3,350	3,350
設備投資	(150)	(250)	(200)	(200)
期首運転資本		3,000	3,500	4,000
期末運転資本	(3,000)	(3,500)	(4,000)	(4,000)
運転資本増減	(3,000)	(500)	(500)	0
FCF	(1,550)	1,900	2,650	3,150
			継続価値	33,037
割引率	10.00%			
割引現在価値	(1,478)	1,647	2,088	24,822

譲渡対象資産負債
- 有形固定資産　30,000

事業価値　27,079　　差異　(2,860)

事業ごとに分けて管理している会社はまれであり，実は既存の母体傘下では事業ごとの運転資本水準は全く意識されていないことが多いことから，当該事業の運転資本データを集計することは，売り手にとっては困難である場合が多い。

　事業ごとに区分することが困難であるのは，一般に，売掛金，買掛金など金銭債権債務である。事業によって得意先，取引先が分かれていれば，あるいは，事業ごとに売掛金や買掛金口座を別管理していれば別であるが，そうでなければ厳格な区分のためには，伝票まで遡って区分する以外にはない。

　したがって，売り手が対象事業の運転資本水準に関する情報を準備していることは少ないが，買い手にとって，運転資本の水準は重要な情報であり，情報が提示されないことで不要な事業価値のディスカウントをせざるを得ない場合もある。

　売り手に対して，伝票まで遡って区分するよう要求する必要はないが，買い手がある程度納得できるデータを，合理的な概算などによって提供するよう要求すべきである。

(4) 設備投資水準とスタンドアローン問題

　EBITDAの水準，運転資本に加え，もう一つ会社のフリー・キャッシュ・フローを左右する要素が，将来の設備投資水準である。

　カーブアウト事業の将来の設備投資水準は，将来の成長のため事業に必要な新規投資に加え，カーブアウトされる資産・負債の範囲が直接的に関わっている。

　カーブアウト以前に母体傘下で使用していた，すなわち事業に必要な資産がカーブアウトされない場合には，買い手の既存資産で代替するか，新規投資を行わなければならない。

　したがって，カーブアウト資産・負債の範囲の検討で述べたように，買い手はカーブアウト事業が母体傘下で使用している資産は何で，それが専用資産なのか共有資産なのか，およびカーブアウトされるのかされないか，について慎重に検討する必要がある。

仮に、買い手側で新規投資が必要な場合には、将来のフリー・キャッシュ・フローが減少するため、事業価値評価はその分低くなる。新規投資ではなく、買い手から、あるいは第三者より賃借により当該資産を代替することはもちろん考えられるが、その場合にはEBITDA水準への影響が生じることになり、事業価値評価に影響を与える点は同様である。

(5) カーブアウトに伴う分離コストの評価
カーブアウトを行う場合には、事業の分離、移行のための一時費用がかかることが通常であり、スタンドアローン問題の一つである。

① ITの移転コスト
分離コストの代表例は、ITシステムの移転コストである。

経理ソフトや、給与計算ソフト、固定資産管理ソフトなど、汎用のソフトウェアについては、買い手側ですぐに補完できることが多いが、生産管理システムなど専用ソフトウェアを売り手が自社開発して使用している場合、当該システムを買い手側が短期間に補完することは事実上不可能であることが多い。

当該システムが事業に固有の資産である場合にはカーブアウト範囲に含めて買い取れば良いが、他の事業との共有資産である場合にはそのようなわけにはいかない。使用契約を締結するなど、何らかの方法により継続利用ができるよう売り手と交渉しなくてはならない。

このような場合には、通常、買い手側に事業が移転した後に、他のカーブアウト事業とは分離して使用できるように、システムおよびデータをコピーする必要が出てくる。その際には、データをコピーするハードウェアが必要となるのはもちろんであるが、システムの複雑性によっては、システムに分離に必要な変更を加えてデータを移行するのに、結構な手間と費用がかかる。

② リテンションコスト
リテンション（＝人材の引き留め）のための費用についても一時費用として

考えておく必要がある。

　欧米では，カーブアウトに限らず，M＆Aによって経営権の移動が起きた際，重要な経営陣や，キーパーソンと考えられる優秀な人材には，経営権の移動が起きた後に一定期間在職した場合には，リテンション・ボーナスと呼ばれるインセンティブが払われることが通常である。

　カーブアウトが事業譲渡の形態をとる場合には，人材の移転は，最終的には本人の意思によることから，重要なマネジメント，キーパーソンが，カーブアウト事業に伴って異動した場合にリテンション・ボーナスを支払うようなパッケージを用意せざるを得ないこともある。

③　その他の一時費用

　一見些末だが，実務においては意外に重要なのは，カーブアウトによってブランド，社名が変わることによる影響である。

　名刺，パンフレット，看板，WEBサイトなどの一新はもちろんのこと，製品シールを新たなブランドに張り替えなくてはならない場合には，大変な費用と手間がかかる場合も考えられる。

　非常に細々した製品群などについて，非現実的なコストが掛かりかねない場合には，あらかじめ売り手との交渉によりカーブアウト後一定期間は製品が旧ブランド名で売られることの許可をとっておくなどの対策をとることも考えられる。

　他にもオフィス，工場など事業所の移転費用など，様々な一時費用が発生することが考えられる。

④　分離コストの影響

　財務的には，これら分離，移行に伴う一時費用は，いわゆるデット・ライク・アイテム（＝有利子負債類似物）と考えられる。

　金融機関よりの借入金など有利子負債は事業譲渡対象に含まれることはまずないが，これらデット・ライク・アイテムはカーブアウト後に現金の支出を伴

図表 2-3-15　分離・移行に伴う一時費用の例

項目	代表例
ITシステムの移管	・システムのコピー費用 ・データ移行費用 ・ハードウェアへの投資
リテンション	・リテンション・ボーナス
社名・ブランドの変更	・ブランド変更に伴う看板，製品シールの変更 ・名刺，パンフレットなどの変更 ・WEBサイトの更新
その他	・転居費用 ・その他

う項目＝債務であるから，事業価値評価上は有利子負債と同様に事業価値から控除するものとして考えておかねばならない。

第4章

カーブアウトの条件交渉

　M&Aにおいては，財務調査や価値評価においてどのように優れた分析を行ったとしても，相手との交渉を通じて，実際に有利な条件で契約を締結しなくては全く意味がない。

　本章においては，カーブアウト事業の譲渡価格，TSA/LTSA，価格調整条項，表明と保証など，カーブアウト型M&Aの契約に向けた交渉における留意点について解説したい。

1　カーブアウトの譲渡価格交渉

　前章では，損益計算書などカーブアウト事業の過去の財務データを基礎としたスタンドアローン問題の定量的な分析について述べてきたが，その最も重要な目的は，もちろんカーブアウト事業の買収価格検討のためである。

　通常，カーブアウトにおいても事業計画は売り手側から提出されるから，買い手側としては，一般的なM&Aと同様に，デューデリジェンスによる過去の損益実績の調査・分析を踏まえ，市場環境や対象事業経営資源の評価を加味して事業計画を吟味する。

　さらに，カーブアウトの場合には，スタンドアローン問題の定量評価を行い，買い手から提示された事業計画に当該影響を加味することになる。必要な修正を加えた事業計画シナリオは，DCF法によるカーブアウト事業評価に用いられることになる。

　また，EBIT，EBITDA倍率を用いた乗数法（マルチプル）など，類似会社比較法による事業価値評価を行う場合には，カーブアウト事業のEBIT，

EBITDA水準に，検出されたスタンドアローン問題の影響などを加味し，評価額を検討することになる。

事業価値評価の結果を踏まえ，オークションビッドであれば入札額を決定し，相対取引であれば売り手との譲渡価格の交渉に臨むことになるが，この際，買い手はどのような考え方で譲渡価格を検討すればよいのであろうか？

(1) 一般的なM&Aの取引価格の交渉レンジ

カーブアウトの交渉レンジを考える前に，まずは，カーブアウト以外の通常のM＆Aでの交渉レンジを考えてみたい。

M&Aの取引価格には，売り手と買い手の両者にとってフェアな価格が一つ存在するということはなく，お互いに合理的と考えられる一定の価格レンジがあり，そのレンジが重なる中で交渉が行われて取引価格が決定される。

一般的なM&Aにおいて，売り手側は，対象会社の単独価値以下で売却した場合には売却損が生じるから，単独での価値を超える売却価格でなければ売却するインセンティブがない。

一方，買い手側が買収した対象会社で実現できる価値の上限は，対象会社単独での価値に，事業会社であれば買い手側とのシナジー効果や，金融投資家であればバリューアップ価値を付加した価格である。この上限価格を超えてしまっては，支払価格が，実現できる価値を上回って損失を出してしまうため，この上限価格以下の，なるべく低い価格で取引価格を決定するよう交渉するのが，合理的な買い手の行動である。

以上より，対象会社単独での価値と，買い手側のシナジーやバリューアップ効果を加味した価値の間のレンジであれば，M&Aが成立し得る取引価格帯ということになる。

当該レンジの間であれば，売り手は事業の売却によりプレミアム（＝売却対象を保有し続ける価値を超過する売却対価）を受けとることができ，買い手側も買収価格をシナジー効果等込みの事業/株式価値が超えるから，M&Aにより自らの価値を増加させることになる。

図表 2-4-1 一般的なＭ＆Ａの譲渡価格交渉レンジ

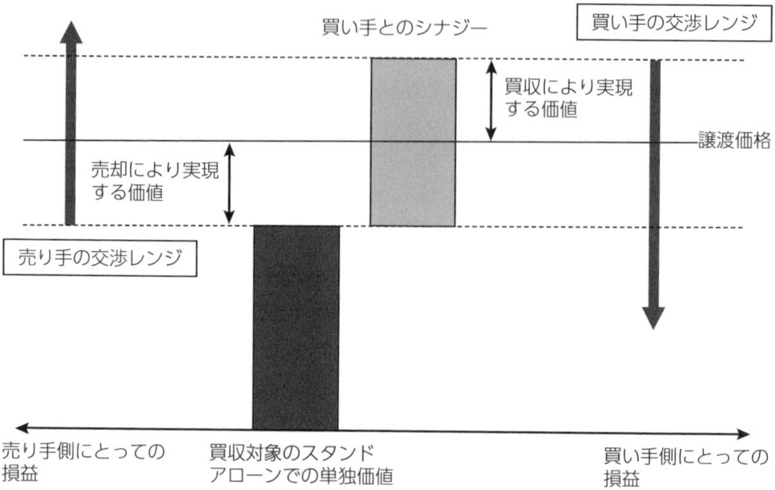
買い手とのシナジー
買い手の交渉レンジ
買収により実現
する価値
譲渡価格
売却により実現
する価値
売り手の交渉レンジ
売り手側にとっての
損益
買収対象のスタンド
アローンでの単独価値
買い手側にとっての
損益

(2)　カーブアウトにおける買い手の交渉レンジの留意点

カーブアウトの場合，買い手とのカーブアウト事業のシナジーに加え，もう少し複雑な要素が事業価値に影響を与えることになる。

それは，スタンドアローン問題に起因する損益の変化，すなわち，カーブアウト事業が母体から受けていたサービスに係る費用負担をどのように考えるか，という点である。

母体から提供を受けるサービスについての費用負担の問題は，売り手，金融投資家，事業投資家，それぞれにインパクトが異なり，譲渡価格の交渉レンジの考え方をやや複雑にする要素となり得る。

(3)　母体から提供を受ける共通サービスのコスト負担のインパクト

カーブアウトの譲渡価格交渉の交渉レンジの考え方を検討する前に，まずはカーブアウト事業が母体から受けていたサービスの費用負担に関する影響を，売り手側，買い手側双方の視点で考えてみたい。

① 売り手への影響

【図表2-4-2 売り手の損益水準の変化】を用いて，まずは売り手の損益水準がどのようにカーブアウト前と後で変化するか見てみたい。

カーブアウト事業を分離した場合，売り手の損益は，部門別損益計算書上の損益で言えば，部門営業利益分の利益が減少するわけではなく，共通費，および部門共通費負担前の利益が減少することになる。

売り手傘下にあってカーブアウト事業の共通サービスの費用負担は，部門共通費配賦額，共通部門費配賦額として行われている。これらの部門共通費，あるいは共通部門費は，特定の費用発生額を便宜的に一定の基準で各事業部門に負担させているもので，譲渡されるカーブアウト事業の固有経費ではないから，カーブアウト事業が傘下にあっても，分離されても変わらず発生する費用である。

図表 2-4-2 売り手の損益水準の変化

売り手の損益〜売却前

	A事業	B事業	C事業	部門共通費	本社部門費	管理部門	全社
売上高	1,100	900	700	-	-	-	2,700
売上原価	500	420	380				1,300
売上総利益	600	480	320	-	-	-	1,400
販売費	150	140	130				420
人件費	80	60	30		30	50	250
減価償却費	20	15	10	3	2	3	53
その他	40	25	10	30	20	40	165
研究開発費	100	100	100				300
部門固有費小計	390	340	280	33	52	93	1,188
共通費配賦前部門利益	210	140	40	△33	△52	△93	212
共通費配賦額	11	8	4	△33	4	7	-
部門貢献利益	199	132	36	-	△56	△100	212
本社費配賦額	23	19	15		△56		
管理部門費配賦額	41	33	26			△100	
部門営業利益	136	80	△4	-	-	-	212
EBITDA	230	155	50	△30	△50	△90	265

売り手の損益〜売却後

	A事業	B事業	部門共通費	本社部門費	管理部門	全社	差額
売上高	1,100	900	-	-	-	2,000	△700
売上原価	500	420				920	△380
売上総利益	600	480	-	-	-	1,080	△320
販売費	150	140				290	△130
人件費	80	60		30	50	220	△30
減価償却費	20	15	3	2	3	43	△10
その他	40	25	30	20	40	155	△10
研究開発費	100	100				200	△100
部門固有費小計	390	340	33	52	93	908	△280
共通費配賦前部門利益	210	140	△33	△52	△93	172	△40
共通費配賦額	12	9	△33	4.50	7.50	-	-
部門貢献利益	198	131	-	△57	△101	172	△40
本社費配賦額	31	25		△57		-	-
管理部門費配賦額	55.28	45.23			△101	-	-
部門営業利益	112	60	-	-	-	172	△40
EBITDA	230	155	△30	△50	△90	215	△50

売り手の損益〜リストラクチャリング実施後

	A事業	B事業	部門共通費	本社部門費	管理部門	全社	差額
売上高	1,100	900	-	-	-	2,000	△700
売上原価	500	420				920	△380
売上総利益	600	480	-	-	-	1,080	△320
販売費	150	140				290	△130
人件費	80	60		20	40	200	△50
減価償却費	20	15	3	2	3	43	△10
その他	40	25	20	10	30	125	△40
研究開発費	100	100				200	△100
部門固有費小計	390	340	23	32	73	858	△330
共通費配賦前部門利益	210	140	△23	△32	△73	222	10
共通費配賦額	9	7	△23	2	5	-	-
部門貢献利益	201	133	-	△34	△78	222	10
本社費配賦額	19	15		△34		-	-
管理部門費配賦額	43	35			△78	-	-
部門営業利益	139	83	-	-	-	222	10
EBITDA	230	155	△20	△30	△70	265	-

したがって，事業がカーブアウトされても，部門共通費や，共通部門費などの経費は分離されて発生しなくなるわけではなく，あくまで共通費負担前の損益がそのまま減少してしまう。共通費，部門共通費は，通常は固定費であるから，ただちに削減することは困難である。

したがって，このままだと，売り手側としては，カーブアウト事業共通費負担前の利益水準に基づいて計算される事業価値以上の譲渡価格でないと，事業売却の合理性がないということになる。

なお，固定費となっている共通サービス部門費用を，リストラクチャリングによって削減可能な場合がある。この場合には，当該削減費用相当を必ずしもカーブアウト事業の対価として受け取らなくとも，損失は被らない。

なお，リストラクチャリングによる固定費の削減を織り込んだ価格で事業を売却するためには，確実にリストラクチャリングを実行する必要がある。売り手側にしてみれば，実施できるか否か不確実な場合は，リストラクチャリング施策に基づいて事業売却の合理性を判断することはできない。

② 買い手（事業投資家）における影響

買い手のうち，事業投資家にとって，買収後のカーブアウト事業の損益水準は，売り手傘下での共通費等負担後の損益（部門損益）から見た場合，次のように考えられる。

1） 共通費，部門共通費

まず，売り手傘下における共通費等負担後の損益水準に対して，共通費，部門共通費の配賦額など，売り手からは分離しない売り手の母体からのサービスに対応する費用は負担しない前提で考えることができる。

2） 母体からのサービス補完コスト

次に，母体からのサービスが提供されなくなる点については，事業投資家であれば，基本的には新たに費用をかけることなく補完が可能であるものの，一

図表 2-4-3 事業投資家にとってのカーブアウト事業の損益水準

	C事業	今後発生しない経費	機能代替	シナジーの喪失	カーブアウト後	買い手とシナジー	シナジー考慮後
売上高	700			△50	650	100	750
売上原価	380			△30	350	60	410
売上総利益	320	-	-	△20	300	40	340
販売費	130				130		130
人件費	30				30		30
減価償却費	10				10		10
その他	10				10		10
研究開発費	100				100		100
部門固有費小計	280	-	-	-	280	-	280
共通費配賦前部門利益	40	-	-	△20	20	40	60
共通費配賦額	4	△4	-	-	-		-
部門貢献利益	36	4	-	△20	20	40	60
本社費配賦額	15	△15	5		5		5
管理部門費配賦額	26	△26	10		10		10
部門営業利益	△4	44	△15	△20	5	40	45
減価償却費	10				10		10
EBITDA	6	44	△15	△20	15	40	55

部,追加支出が必要なものもあるため,当該コストを加味して考えなくてはならない。

3) 母体とのシナジー

次に,カーブアウト事業が売り手の傘下において,売り手とのシナジー効果を享受していた場合,カーブアウトに伴ってシナジーを喪失するため,利益水準がその分下落することを覚悟しなくてはならない。

以上を合計した損益水準が,カーブアウト事業が分離した段階での損益水準ということになる。

4) 買い手とのシナジー

ただし,通常は,買い手側とカーブアウト事業のシナジー効果が見込めるは

ずなので，当該シナジー効果分は，カーブアウト事業の損益水準に加算して考えることができる。

このシナジーまで考慮したカーブアウト事業の損益水準が，事業投資家が考えることができる最大評価額ということになる。

③ 買い手（金融投資家）における影響

1) 共通費，部門共通費

事業投資家と同様に，共通費，部門共通費の配賦額など，売り手からは分離しない，母体からのサービスに対応する費用は負担しない前提で考えることができる。

図表2-4-4 金融投資家にとってのカーブアウト事業の損益水準

	C事業	今後発生しない経費	機能代替	シナジーの喪失	カーブアウト後	バリューアップ	バリューアップ考慮後
売上高	700			△50	650	100	750
売上原価	380			△30	350	60	410
売上総利益	320	-	-	△20	300	40	340
販売費	130				130		130
人件費	30				30		30
減価償却費	10				10		10
その他	10				10		10
研究開発費	100				100		100
部門固有費小計	280	-	-	-	280	-	280
共通費配賦前部門利益	40	-	-	△20	20	40	60
共通費配賦額	4	△4	4		4		4
部門貢献利益	36	4	△4	△20	16	40	56
本社費配賦額	15	△15	15		15		15
管理部門費配賦額	26	△26	26		26		26
部門営業利益	△4	44	△44	△20	△24	40	16
減価償却費	10				10		10
EBITDA	6	44	△44	△20	△14	40	26

2) 母体からのサービス補完コスト

買い手が金融投資家の場合，事業投資家とは異なり，母体からのサービスの代替機能を自社では持たないため，基本的には追加的な投資や，人員増強，業務委託契約などで補うことになる。

したがって，少なくとも売り手傘下における共通費等の配賦額と同等以上のサービスの代替コストが発生するのが通常である。

3) 母体とのシナジー

カーブアウト事業の分離に伴いシナジー損失が生じる場合があるのは事業投資家と同様である。

4) 買い手とのシナジー

金融投資家は，事業を行っていないため，自らの事業とのシナジーを付加することはできない。

ただし，金融投資家の目的は，買収した事業のマネジメントの交代，戦略の変更，構造改革などによりバリューアップして価値を高めることであるので，このようなバリューアップ効果は付加して考えることができる。

以上，事業投資家と比較した場合には，母体からのサービスの機能代替のコストが高いこと，自社とのシナジー効果が見込めないことから，一般に買収後に達成できる損益水準は低く見なくてはならない。

④ カーブアウト事業の買収価格の交渉レンジ

では，カーブアウトの場合には，買収価格の交渉レンジはどのように考えられるだろうか。

1) 中立的な取引価格は存在するのか？

カーブアウト以外のM&Aの場合には，対象会社単独での価値が，売り手と買い手双方にとっての交渉の基礎となる，中立的な価格とも言える存在であっ

た。

　ところが，カーブアウトの場合には，先ほど見た通常のM&Aの場合のように，売り手と買い手にとって中立的な譲渡対象のスタンドアローンでの価値，というのは想定しづらい。それは，カーブアウト事業はスタンドアローンで成立するものではなく，母体からのサービス提供に係る費用をどのように捉えるか，様々な考え方があり得るからである。

　売り手としては，カーブアウト事業を売却しても，固定費である母体からのサービスのための発生費用は，少なくとも当座は減少するわけではないので，共通費等負担前の損益水準に基づく価値が中立的な価値である，と考える。

　一方，買い手にしてみると，共通費負担前の損益水準のカーブアウト事業は，母体からのサービスが提供されない前提なので，いわば独立して運営できない状態であり，母体からのサービス負担を考慮した，共通費等負担後の損益水準が中立的な譲渡事業の価値，と考えたい。

　金融投資家にとっては，母体からのサービスの費用負担は必須であるし，事業投資家にしても，仮に追加費用なしに機能の代替が可能であっても，その代替は自らが持ち込んだシナジーであるので，あくまで中立的な価格は共通費等の費用負担考慮後の価格であるという考え方は成り立ち得る。

　ただし，カーブアウト事業の譲渡価格決定において，中立的，フェアな価格を議論する実務においての意味はない。実際は，買い手が出せる価格の上限と，売り手が納得できる下限の価格との間で，双方の交渉における力関係によって決まることになる。

　2）　事業投資家の交渉レンジ

　まず，事業投資家の場合，譲渡価格交渉の前提となる損益水準の最大額は，カーブアウト事業の共通費等負担前の損益水準に対して，母体からのサービスの代替費用と，母体とのシナジー喪失分を控除し，自社とのシナジー効果を加算した金額ということになる。理論上は，この損益水準を基礎に算定した価格が，譲渡価格交渉の上限となる。

事業投資家の場合，母体からのサービスの代替費用はほとんどかからない場合もあるから，その場合には，売り手側とのシナジーと買い手側とのシナジーを比較した純増分を加算した金額が上限となる。

この金額は，オークションビッドなどの場合に，理論上入札しても合理的と考えられる上限の金額であり，もちろん，より低い価格となるよう交渉することがM&Aの成功確率をより高めることになる。

当然，売り手は，カーブアウト事業の中立的な価格とは，共通費等の負担前の損益水準に基づく価値であることを主張するが，売り手が譲歩したとしてもリストラクチャリングによって共通費等を削減し，実現することが可能な価値相当のディスカウントまでである。

実務においては，相対交渉なのかオークションビッドなのか，あるいは売り手と買い手それぞれの交渉力に基づいて，このレンジ内で交渉が行われる。

買い手側としては，売り手がどの程度のリストラクチャリングが可能な状況

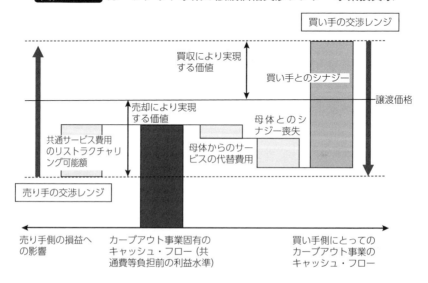

図表2-4-5　カーブアウト事業の譲渡価格交渉レンジ〜事業投資家

なのか，買い手候補は他にいるのか，状況を見極めつつ交渉にあたる必要がある。

オークションの場合には，オークションに勝ち残るためには，当然であるが対象事業により高い入札をしなければ勝つことができないため，買い手が提供するシナジーのレンジまで価格が上がっていくことが多い。

事業投資家同士で競合する場合に，相手を上回る入札額を付けるためには，競争相手が事業から得るシナジーや，スタンドアローン問題への対処のためにどの程度の支出を強いられるのかを見極め，自社のシナジー効果とスタンドアローン問題への対処コストを踏まえて入札額を検討していくことになる。

一方で，潜在的な買い手候補が他にいない状況では，売り手側もリストラクチャリングを行わざるをえない水準での譲渡価格交渉になることも想定される。

また，売り手が過剰債務の返済のために短期的な現金を得たい場合など，中長期的な合理性とは別に，事業売却の意思決定を行う場合もある。

3) 金融投資家の交渉レンジ

金融投資家は，一般のM&A案件においても，別のポートフォリオ事業との統合を考えている場合を除き，対象事業とのシナジーがないため，シナジー効果を買収価格に上乗せできる事業投資家に比べて不利であると言われることが多い。

カーブアウト案件の場合，金融投資家は母体からのサービスを提供できる機能を持たないため，カーブアウトをスタンドアローンで運営するためには追加コストを要し，その点は追加支出なしでカバーできることの多い事業投資家に比べ，さらに不利な状況に置かれることになる。

もちろん，マネジメントの交代，戦略の転換などにより非常に大きなバリューアップを果たせる場合も否定はできないが，一般的には，カーブアウト案件で事業投資家にオークションビッドで勝つためのハードルは高い。

図表 2-4-6 カーブアウト事業の譲渡価格交渉レンジ～金融投資家

買収により実現
する価値
買い手の交渉レンジ
売却により実現
する価値
バリューアップ
譲渡価格
共通サービス費用
のリストラクチャリ
ング可能額
母体からのサー
ビスの代替費用
売り手の交渉レンジ
母体とのシ
ナジー喪失
売り手側の損益へ
の影響
カーブアウト事業固有の
キャッシュ・フロー（共通
費等負担前の利益水準）
買い手側にとっての
カーブアウト事業の
キャッシュ・フロー

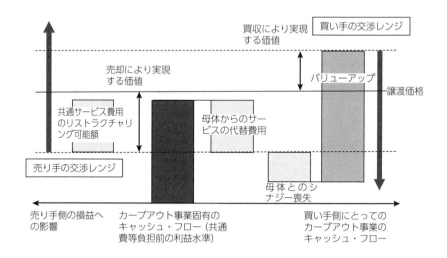

図表 2-4-7 カーブアウト事業の価格交渉レンジのまとめ

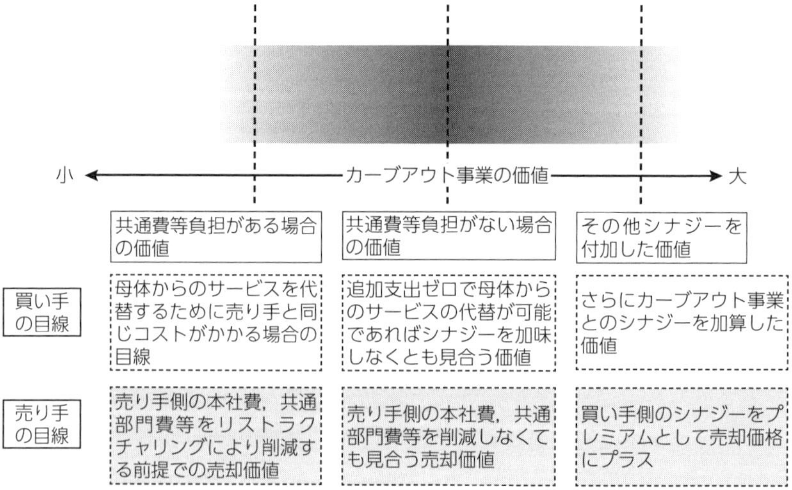

小
カーブアウト事業の価値
大
共通費等負担がある場合
の価値
共通費等負担がない場合
の価値
その他シナジーを
付加した価値
買い手
の目線
母体からのサービスを代
替するために売り手と同
じコストがかかる場合の
目線
追加支出ゼロで母体から
のサービスの代替が可能
であればシナジーを加味
しなくとも見合う価値
さらにカーブアウト事業
とのシナジーを加算した
価値
売り手
の目線
売り手側の本社費，共通
部門費等をリストラク
チャリングにより削減す
る前提での売却価値
売り手側の本社費，共通
部門費等を削減しなくて
も見合う売却価値
買い手側のシナジーをプ
レミアムとして売却価格
にプラス

(4) TSA, LTSAと譲渡価格交渉

　カーブアウトにおいては，売り手側で提供していた共通サービスに関し，TSA（売り手から買い手への暫定的サービス提供契約），LTSA（同長期的サービス提供契約）が締結される場合があると述べた。このような契約が売り手と買い手で締結される場合，譲渡価格交渉にも影響を及ぼす可能性がある。

　TSA，LTSAが締結される場合，買い手から売り手へサービス対価が支払われるから，売り手はカーブアウト後に余剰となるキャパシティ相当のコストに見合う現金を受け取れることになる。よって，リストラクチャリングを行わなくても，リストラクチャリングをした場合と同等の経済効果がTSA，LTSA契約の期間中は得られることになる。

　一方，買い手側は，共通サービスの代替費用としての現金支出が生じ，その分の将来キャッシュ・フローが減少することになり，カーブアウト事業の価値が低下することになる。

　以上のように，TSA，LTSAが締結される場合には，売り手と買い手のキャッシュ・フローに変化が生まれるため，譲渡価格の交渉における合理性の判断にも影響を与えうる。

　例えば，売り手側は譲渡価格として受け取らなくても，TSA，LTSAの対価として現金を受け取れば良いという判断も成り立ちうる。

　買い手側も，追加コストなしで自らが代替できる場合はともかく，自社では代替できない場合にはTSA，LTSAによって買い手に報酬を渡すことで，譲渡価格は低く抑えるよう交渉するということもあり得るだろう。

　なお，LTSAは基本的に長期契約が前提であるが，TSAの場合は暫定的な短期のサービス提供が前提であるため，影響は限定的なものとなることには注意が必要である。

(5) カーブアウト事業の譲渡価格交渉におけるその他の留意点

　カーブアウト事業の譲渡価格は，移管される組織・人，資産，負債，契約の範囲により将来の利益水準，運転資本投資水準，設備投資水準が影響を受け，

将来のキャッシュ・フローも変わることから，カーブアウト事業の価値に影響する。

ということは，カーブアウトの範囲が決まらなければ，価格の交渉はできないということになる。したがって，カーブアウト価格の交渉には，常に前提となるカーブアウト範囲の定義が存在し，その定義が変われば，当然価格も変わることを前提に交渉しなくてはならない。

以上は，当たり前の話であるように思われるが，実務においては，買収価格のみが先に決まり，あとから譲渡される運転資本の範囲が議論される，という例がないわけではない。自社にとって有利であれば，それはそれで良いのであろうが，少なくとも自社には不利にならないよう注意しなければならない。

2 価格調整

一般的に，M&Aにおいては，1）デューデリジェンス，2）譲渡価格など取引条件交渉，3）条件交渉の結果を踏まえたM&A契約の締結，4）実際に譲渡対象の引き渡しが行われる事業/株式の譲渡日，という時間軸で取引が行われる。

また，1）デューデリジェンスに伴って売り手から提供される対象事業/会社のデータは，さらにその前の，0）財務データ基準日のものである。

価格交渉のための事業/株式価値算定，およびそれに基づく交渉は，通常，0）財務データの基準日のデータを用いて行うから，合意され，契約に織り込まれる事業/株式の譲渡価格は，4）事業/株式の譲渡日から見て，短くても3か月程度，通常は6か月以上前のデータに基づいて行われていることも珍しくない。そして，その間，対象事業/会社は，売り手の支配下にあり，日々事業を継続しているため，事業/株式算定の基礎とした様々な財務データも日々変動していることになる。

そこで，0）財務データ基準日，から4）事業/株式の譲渡日までの，対象事業/会社の財政状態の変動については，合意した譲渡価格に対して調整する条項を設けておくという実務が生まれてきた。

価格調整の問題は，言い方を変えれば，0) 財務データの基準日から，4) 事業/株式の譲渡日までの財政状態の変動の影響を，売り手と買い手のどちらに帰属させるのか，という問題である。

仮に，価格調整を全く行わないのであれば，当該変動の影響は全て買い手が負うことになり，価格調整を行うのであれば，当該変動の影響を売り手に帰属させることになる。

0) 財務データの基準日から，4) 事業/株式の譲渡日において対象となる事業/会社を支配し，コントロールしているのは売り手であるので，理論的には，当該財政状態の変動の影響については売り手が負うべきであり，価格調整を行うこと，あるいは同等の配慮を行うことが，売り手と買い手双方にとってよりフェアであるとは言える。

図表 2-4-8 M&Aの時間軸

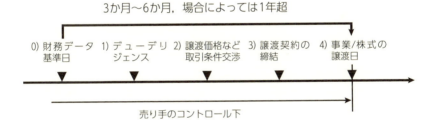

(1) **価格調整の一般論**

では，実務において，価格調整がどのように行われているか，あるいは行われていないかについて，カーブアウト型M&Aにこだわらず，まずは，一般的な株式譲渡によるM&Aについて考えてみる。

価格調整が問題となるのは，全ての財政状態の変動ではなく，財政状態の変動が，株式価値に影響する場合である。どのような財政状態の変動が株式価値に影響するかは，DCF法に用いるキャッシュ・フロー・モデルで考えるとわかりやすい。

DCF法のキャッシュ・フロー・モデルに影響する財政状態に関する項目は，1）純有利子負債，2）運転資本，3）将来の設備投資水準である。

　1）純有利子負債は，有利子負債と非事業用資産（余剰現金）の時価の純額であり，基準日の残高を事業価値から控除して株式価値を算出するから，基準日時点の残高（時価）が異なれば，当然，株式価値が変動することになる。

　2）運転資本は，正確には譲渡日時点運転資本であり，譲渡日時点運転資本が異なると事業を継続していった場合の想定運転資本残高との差額である運転資本増減が異なることになり，キャッシュ・フローに直接的に影響することになる。

　3）将来の設備投資水準は，現時点の財政状態が直接的に影響するものではないが，設備投資が前倒しされて固定資産（事業用資産）が増加している場合，あるいは，災害等によって滅失した場合など，当該変動は将来の設備投資水準の変動につながることから，間接的に株式価値に影響することになる。

　では，以上の変動に対して，実務的にはどのような価格調整が検討されているかを見ていく。

図表 2-4-9 財政状態の変動と株式価値

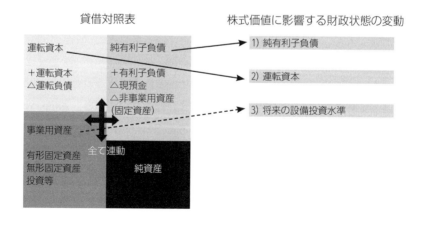

① 純有利子負債，運転資本，固定資産残高などをそれぞれ調整

　まず，株式価値に影響を与える1）純有利子負債，2）運転資本，3）固定資産残高などの変動を全て価格調整に織り込む考え方がある。なお，3）の固定資産残高については，減価償却による変動もあるため，予定されていた投資計画の進捗について定義することがより理論的であろうし，また，譲渡日までの一定額以上の設備投資については買い手の承認を得ることを条件に，固定資産残高の変動については考慮しないというアレンジがむしろ一般的かもしれない。

　この方法は，理論的に考えうる株式価値への影響を全て織り込むため，最も理論的な方法と言えるだろう。

　しかしながら，一方で，価格調整条項の設置と合意には，細かな交渉と手続が必要となる。

　まず，一口に純有利子負債，運転資本，固定資産と言っても，それぞれの範囲には様々な見解が存在するため，その範囲を明確に定義付ける必要がある。また個々の資産・負債の残高は会計方針によって影響を受けるため，資産・負債の評価方法，評価基準も明確に定める必要がある。

　さらに，価格調整額の確定のためには，誰が譲渡日時点の貸借対照表を作成し，誰がそれを検証するのか，という手続の設定が必要となる。売り手と買い手だけでこれらを行う場合もあるが，公平性，中立性を重視する場合には，公認会計士や監査法人など専門家による検証作業を入れることも考えなければならない。

　また，譲渡日後に実際の価格調整額を算定して精算を行うまでにも，煩雑な手続が必要となるため，譲渡日からさらに数か月を要することもあり得る。

② 純資産の増減を調整

　純有利子負債，運転資本，固定資産残高などを個別に定義することは煩雑であるため，純資産の変動を価格調整に織り込む，という考え方もある。

　【図表2-4-9　財政状態の変動と株式価値】を見てもわかるように，純有利子負債，運転資本，固定資産残高の変動を全て調整するということは，裏側か

ら見れば，純資産の変動を調整するということにほぼ等しい。

むろん，貸借対照表に計上されている資産・負債は，全てが株式価値に影響するわけではなく，純有利子負債，運転資本，固定資産（事業用資産）のどれにも分類されない資産，例えば繰延税金資産，負債や，のれん，繰延資産なども存在することから，厳密には純有利子負債＋運転資本＋固定資産（事業用資産）の変動＝純資産の変動とはならない。

しかしながら純有利子負債＋運転資本＋固定資産（事業用資産）の変動と純有利子負債の変動は概ね同じであり，かつ，純資産の変動の定義は，資産・負債を個別に定義するよりは簡単であるため，価格調整に用いやすい。

ただし，純資産残高の確定に，外部の専門家などの検証手続が必要となるかもしれない点は同様である。

③ Locked Box方式

価格調整は煩雑かつ時間がかかるため，価格調整は行わず，かつ，買い手に影響が及ぶ財政状態の変動をなるべく制限する，という趣旨で考えられたのがLocked Box方式と呼ばれる方法である。

Locked Box方式では，調査基準日以降，譲渡日までの期間の減資，配当，設備投資，資産の購入など，経常的な営業活動以外の買い手側に移転する価値のLeakage（＝漏出）と考えられる取引については，禁止，もしくは買い手側の承認を得ないと実施できないよう定めておく。

結果として，経常的な営業活動による純有利子負債の増減については買い手側に帰属するが，それ以外の財政状態の変動は起きない，あるいは起きたとしても買い手の承認済であるため，価格調整が必要ない。

価格調整が必要ないため，譲渡契約作成におけるマークアップや，譲渡日後の価格調整額の確定作業の負担が少なくなり，事務手続が簡便化される。

なお，Leakage（漏出）の禁止については，Locked Box方式の場合のみではなく，価格調整を行う場合にも設けておくことは可能である。この場合，価格調整を行う場合と，Locked Box方式の差は，経常的な営業活動の結果による

財政状態の変動を，買い手と売り手のどちらに帰属させるのか，という点のみになる。

(2) カーブアウトでの論点

以上を踏まえ，事業譲渡の形態をとるカーブアウトの場合の価格調整について考えてみたい。

事業譲渡であっても，DCF法を前提としたキャッシュ・フロー・モデルの考え方は変わらないが，株式譲渡の場合と違い，売り手から買い手に移転するのは一部の資産・負債のみであるため，価格調整の考え方も異なる。

まず，Locked Box方式は，事業譲渡の場合には用いることはできない。Locked Box方式は，一企業の資産・負債が包括的に移転することを前提に，企業内部の財産がLeakage（漏出）しないよう包括的に「鍵」をかけてしまう，という考え方であるが，事業譲渡の場合には，そもそも一部の資産・負債しか移転しないため包括的にLeakageを防ぐという概念自体整合しない。

言い方を変えれば，事業譲渡の場合には純資産という概念はなく，仮にあったとしても資産・負債の差額，ということになるから結局は資産・負債を定義する必要があり，純資産にする調整という概念がなじまない。

したがって，事業譲渡において価格調整を行うためには，結局，譲渡される個々の資産・負債を個別に定義して調整していく以外にはないことになる。

では，具体的にはどのような資産・負債に価格調整を設定することになるのか，以下，資産・負債の種類ごとに考えてみる。

① 純有利子負債

事業譲渡の場合，純有利子負債，具体的には余剰現金など非事業用資産，借入金など有利子負債については，まず範囲に含めることはないため，純有利子負債について，価格調整の議論がされることは実務ではあまりない。

ただし，何らかの事情により事業に付随するデット・フイク・アイテム（有利子負債類似債務）が譲渡範囲に含まれ，かつ，調査日時点では残高が未確定

である場合に，譲渡日時点までに確定した債務額に対して価格調整を行うことは考えられる。

　例えば重要な債権の回収懸念や，重要な棚卸資産の販売可能性，アフターサービス義務などが想定しうるが，価格調整は基本的には調査基準日と譲渡日との状況の差異をメカニカルに調整するのが本質であり，偶発債務についてはある程度期間の幅を持たせた上で，「表明と保証」条項の中で対応する方が馴染むことが多い。

②　固定資産

　事業譲渡の場合，譲渡範囲に含まれる固定資産（事業用資産）については，譲渡契約締結時に目録で明確に定義され，かつ，減価償却にともなう簿価の変動は基本的に移転される事業の価値に影響を与えないため，固定資産についての価格調整が議論されることは，実務的にはほとんどない。

　ただし，理屈としては，買い手が何らかの事情で設備投資を前倒しで行って，当該事業に固有の事業用資産が増加し，かつ，将来の設備投資高が圧縮される，という事態は考えられないことはないので，そのような事態があった場合には配慮することは考えられる。

③　運転資本

　事業譲渡によるカーブアウトの場合の価格調整における最大の論点は，運転資本にかかわる価格調整である。事業譲渡における運転資本の価格調整は，株式譲渡の場合に比較して，より重要な意義を持っている。

　株式譲渡によるカーブアウトの場合には，財政状態の変動は，あくまで会社というエンティティの中での変動であり，仮に運転資本が想定と異なっていたとしても，通常の営業活動の中で起こっていることであれば，基本的にはその分の純有利子負債が変動し，価値に与える影響はニュートラルになっているはずである。したがって，Leakage（＝漏出）にさえ注意していれば，短期間では価値に影響を与えるような大きな変動がないとも言える。

図表2-4-10 価値算定上の想定運転資本と実際

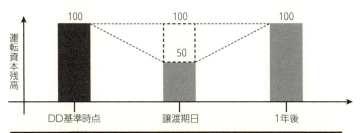

	DD基準時点	譲渡期日	1年後	1年間の買い手帰属CF
価値評価上の想定運転資本残高	100	100	100	0
実際の運転資本残高	100	50	100	△50

しかし，事業譲渡の場合には運転資本が想定と異なっていると，その裏側で変動しているはずの純有利子負債については譲渡対象外であるため，直接的に事業価値に影響することになる。

また，運転資本については，売り手が譲渡基準日の残高をコントロールし得る。

例えば，売り手が値引きを条件に売掛金の早期回収を行って基準日時点の売掛金を減らした場合，当該回収による現金は売り手に帰属する一方で，買い手は想定より売掛金が少ない分，余分に運転資本投資が必要となるため，事業価値は譲渡契約締結時に想定していたより低くなっている。

当該価値の減少に見合う価格調整が行われない場合，買い手側が損をすることになる。

④ 数値モデルの設例

【図表2-4-11 売り手側の意図的な運転資本のコントロール】の設例では，売り手側が意図的に譲渡対象の売掛金を減らした場合に，譲渡される事業の価

図表 2-4-11 売り手側の意図的な運転資本のコントロール

①交渉時点で想定した価値

	予測期間			継続期間
	1年目	2年目	3年目	4年目以降
営業利益	2,000	3,500	4,500	4,500
法人税等	600	1,050	1,350	1,350
NOPLAT	1,400	2,450	3,150	3,150
減価償却費	200	200	200	200
グロスCF	1,600	2,650	3,350	3,350
設備投資	(150)	(250)	(200)	(200)
期首運転資本	8,000	3,000	3,500	4,000
期末運転資本	(3,000)	(3,500)	(4,000)	(4,000)
運転資本増減	5,000	(500)	(500)	0
FCF	6,450	1,900	2,650	3,150
			継続価値	33,037
割引率	10.00%			
現在価値係数	95.35%	86.68%	78.80%	75.13%
割引現在価値	6,150	1,647	2,088	24,822

調査基準日時点の全社BS	
現預金	1,000
売掛金	8,000
有形固定資産	30,000
資産	39,000
買掛金	(5,000)
借入金	(20,000)
負債	(25,000)
純資産	(14,000)
負債及び純資産	(39,000)

想定された譲渡対象資産負債	
売掛金	8,000
有形固定資産	30,000

事業価値	34,706

②実際のCFによる価値

	予測期間			継続期間
	1年目	2年目	3年目	4年目以降
営業利益	2,000	3,500	4,500	4,500
法人税等	600	1,050	1,350	1,350
NOPLAT	1,400	2,450	3,150	3,150
減価償却費	200	200	200	200
グロスCF	1,600	2,650	3,350	3,350
設備投資	(150)	(250)	(200)	(200)
期首運転資本	1,000	3,000	3,500	4,000
期末運転資本	(3,000)	(3,500)	(4,000)	(4,000)
運転資本増減	(2,000)	(500)	(500)	0
FCF	(550)	1,900	2,650	3,150
継続価値				33,037
割引率	10.00%			
現在価値係数	95.35%	86.68%	78.80%	75.13%
割引現在価値	(524)	1,647	2,088	24,822

【調査基準日時点から譲渡日までの取引】

売掛金	5,000		売上高	(5,000)	売上
売上原価	4,500		買掛金	(4,500)	仕入
現預金	5,000		売掛金	(5,000)	通常の売掛金回収
現預金	7,000		売掛金	(7,000)	売掛金早期回収
買掛金	4,500		現預金	(4,500)	通常の買掛金支払
期間損益	500		法人税等は無視		

譲渡日時点の実際BS

現預金	8,500
売掛金	1,000
有形固定資産	30,000
資産	39,500
買掛金	(5,000)
借入金	(20,000)
負債	(25,000)
純資産	(14,500)
負債及び純資産	(39,500)

実際の譲渡対象資産負債

売掛金	1,000
有形固定資産	30,000
事業価値	28,032

事業価値の差額　(6,674)

値にどのような変化が生じるのかを具体的な数値モデルで示している。

　モデルにおいては，全社の貸借対照表の中で，売掛金と事業用の固定資産が譲渡対象となっており，単純化のため，他に事業はない場合を想定している。

　モデルでは，カーブアウト事業の価格交渉時点で提示されていた基準日時点での売掛金残高は8,000であり，譲渡日において当該水準が変わることを買い手は想定していなかった。しかし，当該基準日時点から譲渡日までの間に，売り手が意図的に得意先に依頼して，値引きによる売掛金の早期回収を行った結果，譲渡日時点の残高は1,000と，想定よりも著しく低い水準になっている。

　結果としては，想定された売掛金残高8,000と，実際の売掛金残高1,000の差額に割引現在価値係数を乗じた6,674が，想定した事業価値より減少していることになる。

　一方で，売り手に帰属する現預金については，調査基準時点の1,000から8,500に7,500増加している。うち，7,000については売掛金の早期回収による現預金の増加であり，当初想定された取引から考えると，割引現在価値など時間価値は考慮されていないものの，売掛金の早期回収分だけ売り手側に帰属する価値が増加していることになる。

　なお，残りの500については，調査基準日時点から譲渡日までの，対象事業の期間利益に起因するものであり，当初から売り手に帰属することが想定されている利益である。

　事業譲渡によるカーブアウトではなく，株式譲渡の場合に，売り手が売掛金の早期回収を行った場合はどうであろうか？

　株式譲渡の場合には，売掛金の早期回収を行っても，配当などを行わない限り，回収によって増加した現金は対象会社の中に留保されるため，対象会社株式の価値には原則として影響を与えない。

　モデルにおいては，逆に早期回収のための値引きコストを考慮していないため，現預金を早期回収した時間価値分326の株式価値が増加している。

　価値増加分826の残余は500で，調査基準日から譲渡日までの期間利益相当の現預金の増加である。価格調整を行わず，かつ，配当なども行わないことを

図表 2-4-12 売り手側の意図的な運転資本のコントロール〜株式譲渡の場合

①交渉時点で想定した価値

	予測期間 1年目	2年目	3年目	継続期間 4年目以降
営業利益	2,000	3,500	4,500	4,500
法人税等	600	1,050	1,350	1,350
NOPLAT	1,400	2,450	3,150	3,150
減価償却費	200	200	200	200
グロスCF	1,600	2,650	3,350	3,350
設備投資	(150)	(250)	(200)	(200)
期首運転資本	3,000	3,000	3,500	4,000
期末運転資本	(3,000)	(3,500)	(4,000)	(4,000)
運転資本増減	0	(500)	(500)	0
FCF	1,450	1,900	2,650	3,150
			継続価値	33,037
割引率	10.00%			
現在価値係数	95.35%	86.68%	78.80%	75.13%
割引現在価値	1,383	1,647	2,088	24,822
期央までの月数	6	18	30	

調査基準日時点の全社BS

現預金	1,000
売掛金	8,000
有形固定資産	30,000
資産	39,000
買掛金	(5,000)
借入金	(20,000)
負債	(25,000)
純資産	(14,000)
負債及び純資産	(39,000)

株式価値

事業価値	29,939
現預金	1,000
借入金	(20,000)
株式価値	10,939

②実際のCFによる価値

	予測期間 1年目	2年目	3年目	継続期間 4年目以降
営業利益	2,000	3,500	4,500	4,500
法人税等	600	1,050	1,350	1,350
NOPLAT	1,400	2,450	3,150	3,150
減価償却費	200	200	200	200
グロスCF	1,600	2,650	3,350	3,350
設備投資	(150)	(250)	(200)	(200)
期首運転資本	4,000	3,000	3,500	4,000
期末運転資本	(3,000)	(3,500)	(4,000)	(4,000)
運転資本増減	(7,000)	(500)	(500)	0
FCF	(5,550)	1,900	2,650	3,150
			継続価値	33,037
割引率	10.00%			
現在価値係数	95.35%	86.68%	78.80%	75.13%
割引現在価値	(5,292)	1,647	2,088	24,822
期央までの月数	6	18	30	

【調査基準日時点から譲渡日までの取引】

売掛金	5,000	売上高	(5,000) 売上
売上原価	4,500	買掛金	(4,500) 仕入
現預金	5,000	売掛金	(5,000) 通常の売掛金回収
現預金	7,000	売掛金	(7,000) 売掛金早期回収
買掛金	4,500	現預金	(4,500) 通常の買掛金支払
期間損益	500	法人税等は無視	

譲渡日時点の実際BS

現預金	8,500
売掛金	1,000
有形固定資産	30,000
資産	39,500
買掛金	(5,000)
借入金	(20,000)
負債	(25,000)
純資産	(14,500)
負債及び純資産	(39,500)

株式価値

事業価値	23,265
現預金	8,500
借入金	(20,000)
株式価値	11,765

事業価値の差額
826

図表 2-4-13 価格調整のプロセス

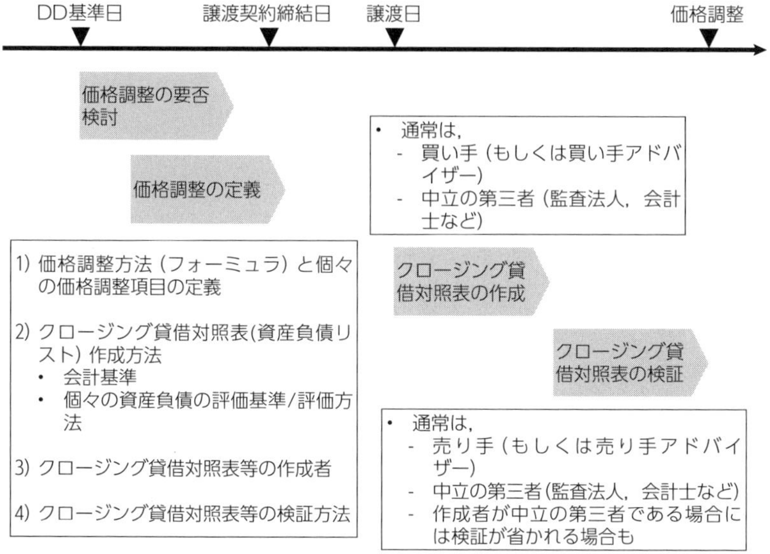

```
DD基準日      譲渡契約締結日    譲渡日                        価格調整
  ▼               ▼            ▼                            ▼
──┼───────────────┼────────────┼────────────────────────────┼──→
```

- 価格調整の要否検討
- 価格調整の定義

1) 価格調整方法（フォーミュラ）と個々の価格調整項目の定義
2) クロージング貸借対照表(資産負債リスト) 作成方法
   ・ 会計基準
   ・ 個々の資産負債の評価基準/評価方法
3) クロージング貸借対照表等の作成者
4) クロージング貸借対照表等の検証方法

- クロージング貸借対照表の作成
- クロージング貸借対照表の検証

・ 通常は,
  - 買い手（もしくは買い手アドバイザー）
  - 中立の第三者(監査法人, 会計士など)

・ 通常は,
  - 売り手（もしくは売り手アドバイザー）
  - 中立の第三者(監査法人, 会計士など)
  - 作成者が中立の第三者である場合には検証が省かれる場合も

想定した場合，当該期間利益相当の価値増加は，買い手に帰属することになる。

⑤ 価格調整の実際

以上，運転資本を事業譲渡によるカーブアウトの範囲に含める場合，価格調整条項を設けることは，買い手側の利益保護にとって重要な意味を持つことがわかる。

では，実際の価格調整条項はどのように設定されるのであろうか？

価格調整条項の設定に必要なのは，1) 価格調整方法（フォーミュラ）と個々の価格調整項目の定義，2) クロージング貸借対照表（資産負債リスト）の作成方法，3) クロージング貸借対照表等の作成者，4) クロージング貸借対照表等の検証方法（検証者）などである。

1）価格調整方法（フォーミュラ）と個々の価格調整項目の定義

まずは，譲渡契約の交渉時に合意した価格がどういう前提のもので，当該前提が譲渡日までにどのように変わりうるのか，をよく整理した上で，買い手，売り手の双方が納得する価格調整方法（フォーミュラ）を合意する必要がある。

事業譲渡によるカーブアウトの場合，運転資本についての価格調整が主な内容となるが，想定される事業の運転資本に季節的な変動要因があまりない場合であれば，設例のように調査基準日時点と，譲渡日時点の差額を調整する，ということになる。

一方，季節的な変動が大きい事業の場合には，譲渡契約合意時の譲渡価格については，譲渡日に想定される運転資本残高に基づいて譲渡価格を決定し，当該想定運転資本残高と実際に譲渡された運転資本残高の差額を価格調整することも考えられる。このような場合には，そもそもの調整前譲渡価格の合意においても，当該前提で価格交渉を行って合意しなければならない。

なお，運転資本の年間での増減が大きく予想が困難な場合など，想定運転資本というよりは標準的な運転資本に基づいて調整前価格を合意し，当該標準運転資本との差額を調整する場合もあるだろう。

また，価格調整の対象とする運転資本等の範囲も定義する必要がある。

運転資本といってもその定義は必ずしも明確ではなく，具体的な運転資本とはどのような科目を指すのか，明確に定義しなくてはならない。また，全ての

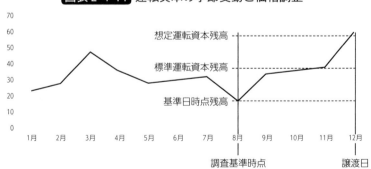

図表2-4-14 運転資本の季節変動と価格調整

運転資本を価格調整の対象とはせず，重要科目だけに絞って価格調整を設定することもある。

運転資本以外に調整項目を設定する場合についても，どのような項目に対して価格調整を行うか，同様に明確に定義する必要がある。

2) クロージング貸借対照表（資産負債リスト）の作成方法

価格調整を行う基準日時点の各資産・負債の残高に対し，クロージング時点の残高のために準拠する会計基準や，各資産・負債の評価基準，評価方法を定めるものである。

まず貸借対照表を作成する会計基準がIFRS（国際会計基準）なのか，US GAAP（米国会計基準）なのか，日本基準なのかを定める必要がある。

さらに，準拠する会計基準の範囲内でも，各資産・負債の評価基準・評価方法は幅があるため，例えば，棚卸資産であれば先入先出法なのか，移動平均法なのかなど，明確な評価基準・評価方法の定義が必要となる。

なお，事業譲渡によるカーブアウトでは，一般に価格調整を行う資産の範囲がせまく，売掛金や買掛金などは準拠会計基準や評価基準，評価方法によって残高に差が生じることはほとんどなく，問題となるのは棚卸資産くらいであり，比較的簡潔に定義できることが多い。

3) クロージング貸借対照表等の作成者，4) クロージング貸借対照表等の検証方法（検証者）

特に株式譲渡の場合，基準日との比較を行う譲渡日時点の貸借対照表について，誰が作成し，どのように（誰が）検証するかを定めておくものである。

売り手側，もしくは買い手側で貸借対照表等を作成すれば，外部の公認会計士や監査法人など専門家，作成者以外の買い手，もしくは売り手が検証を行う手続を定めることになる。

また，売り手と買い手のどちらかが貸借対照表等を作成すると，作成者以外の買い手，もしくは売り手が検証する作業が必要となるため，初めから外部の

専門家にクロージング貸借対照表の作成を依頼する場合もある。

　事業譲渡によるカーブアウトの場合には，価格調整の対象となる資産・負債の範囲は一般に限定的であるため，外部に資産・負債リストの作成を依頼したり，検証を依頼することは比較的少ないと思われる。

　しかしながら，棚卸資産などは残高が評価方法や評価基準によって差異が生じる可能性が高く，どのように検証するのかを定めておかないと混乱を招きかねない。

⑥　事業譲渡における運転資本の取扱い

　先に述べたように，価格調整条項を設けることは，譲渡契約書のマークアップに手間がかかると同時に，譲渡後に価格調整額を確定させて決済を行うまで多くの時間と労力を費やさなくてはならない。そこで，事業譲渡によるカーブアウトの場合には，譲渡対象から運転資本を外してしまうことで価格調整を行わないようにするという考え方もありうる。

　事業譲渡において譲渡対象となりうる運転資本のうち，売掛金，買掛金などの金銭債権債務については，債権債務自体には事業の色がないため，譲渡対象とすることもしないことも十分に考えられる。

　棚卸資産については，事業によっては事業に固有の資産であることが多いため，譲渡範囲に含めないことは考えにくいが，棚卸資産がない，もしくは重要性のない事業においては，運転資本を全く譲渡対象としないことも可能である。

③　表明と保証

　表明と保証とは，譲渡対象の会社/事業の一定の項目について，売り手が買い手に対して瑕疵がないことを表明して保証し，万が一，譲渡後に瑕疵があることが判明した場合には，売り手が買い手に対して一定の補償を行う実務である。

　一般にM&Aにおいては，売り手が会社/事業について持っている情報に対し，買い手側が知り得る情報は限定されている。買い手側にも，デューデリ

ジェンスなどにより調査の機会が与えられるといっても，短期間で事業のリスクを全て理解することは不可能である。

したがって，買い手側にとって，売り手が一定の会社/事業のリスクに対し表明と保証を行うことは，M&Aのリスクを低減するために，非常に重要である。

一方，売り手にとっても，買い手が情報の欠如を理由に譲渡価格をディスカウントするのであれば，表明と保証を付すことでディスカウントを防ぐことはメリットが大きい。

(1) カーブアウトにおける表明と保証の意義

M&A一般において，個人株主からの株式の買い取り，あるいは上場会社の合併，株式交換，TOBなどでは，補償を行う者が存在しないため，事実上，表明と保証条項を付すことが困難であるか，または不可能である。

しかしながら，カーブアウトにおいては，事業の一部切り出しであるが故に，かならず表明と保証が可能な売り手が存在することになり，表明と保証の意義は大きい。

特に事業譲渡の形態をとるカーブアウトでは，譲渡される資産・負債の範囲が限定されていることから，表明と保証を付すことによって，資産・負債についてのデューデリジェンスの範囲を限定することも可能となる。

例えば，運転資本と事業用資産が譲渡対象となっている場合に，

- 運転資本については，債権が全て実在し，全て回収可能であること
- 棚卸資産の現物が全て存在し，全て正常な資産であり陳腐化したり，正味実現可能価額を下回っていないこと
- 事業用資産についても全て実在し，想定される機能を果たすこと
- 簿外負債は存在しないこと

など一定事実を売り手が表明保証し，かつ当該表明保証が実効性を持つと判断される状況であれば，譲渡対象の資産負債に対してはデューデリジェンスによって詳細な検証手続を行わなくても，十分にリスクを低減できる可能性があ

図表2-4-15 表明保証とデューデリジェンスの範囲

る。

(2) 表明保証の実効性

ただし，表明保証を過信することには注意しなければならない。

表明保証条項の設定については，売り手に対するけん制効果はもちろんあるものの，表明保証によって実際に補償が行われるかは別問題だからである。

海外におけるM&A実務においては，表明保証の実効性を担保するため，エスクロー条項を設置し，表明と保証にかかわる瑕疵がないことが判明するまで第三者に譲渡代金の一部が預託され，瑕疵が判明した場合には当該金額が預託金から直接的に決済される仕組みを設ける実務が比較的一般的である。

表明保証に伴う売り手の補償を前提に，このようなメカニカルな仕組みを設けておけば別であるが，一般には，買い手が表明保証についての瑕疵を発見しても，売り手に補償を行わせるための具体的な手続が定められていない，あるいは，友好的なM&Aの中では一度クローズしたM&A案件について補償を持ち出すのはビジネス慣行上困難である，などの理由により，状況によっては補償条項が実効性を持つとは必ずしも言えない。

したがって，現実的に表明保証の瑕疵が想定されるのであれば，表明と保証ではなく，価格調整項目としてより具体的かつメカニカルに決済の仕組みを定めることが望ましい。

なお，表明保証は，一般に資産・負債の具体的な瑕疵，オフバランス債務などに対しては設定できるが，後述するアーンアウトなどの仕組みは考えられるものの，経営状態，経営成績など損益面の状況に対しては一般に設定が困難で

ある。

　したがって，どんなに表明保証を拡大しても，やはりデューデリジェンスによる事業調査の余地はなくならない。

４　その他の価格調整

　カーブアウトにおいて，財政状態の変動や，資産・負債の瑕疵以外にも，譲渡価格を調整することはあり得る。

　その一つは，買い手が想定する事業の価値を構成する重要な前提ではあるが，譲渡契約では縛ることができない項目について，想定通りの結果になる，あるいは，ならない場合に価格を調整する条項である。

　代表例としては，キーパーソンと呼ばれるような事業の中心人物の移管，あるいは一定数の移管人員の達成など，雇用契約の移転に対して，売り手側にある種のインセンティブを与える枠組みが検討されることがある。

　事業譲渡の形態をとるカーブアウトにおいては，人の移管だけは，経営陣あるいは従業員の個人の意思の問題がからむため，売り手と買い手の意思だけではどうにもならないが，このような条項を設けておくことで，買い手側のリスクを多少は軽減することができるかもしれない。

５　売り手から買い手へのサービス提供契約

　TSA（暫定的サービス提供契約），LTSA（長期的サービス提供契約）などと呼ばれる売り手から買い手へのサービス提供契約については，買い手から売り手へキャッシュが支払われる取引であることから，譲渡価格の大小とトレードオフの関係になる契約になる。よって，買い手側としては，譲渡価格などの条件と同時に交渉し，契約を締結することが望ましい。

　しかしながら，実務において，取引スキーム，譲渡価格，価格調整条項，表明保証と短期間に様々な交渉を行って契約条件を合意し，契約書に織り込む作業を行うなかで，TSAやLTSAなどのサービス提供契約を締結することは，困難であるのが現実である。

したがって，TSA，LTSAなどの契約については，譲渡契約の締結とは別に継続協議となってしまうことも多いのであるが，売り手以外に補完できないサービスがある場合には，買い手側からすると売り手に足元をみられて，サービス提供報酬を吊り上げられる恐れがある。

 そこで，少なくともTSA，LTSAについては明確な契約の形にはならないまでも，例えば，従来の共通費の配賦額を目途に協議するなど，一定の縛りをかけておくことが考えられるであろう。

第5章

カーブアウト成功に向けた買い手の課題

　一般に，M&Aの6割から7割は失敗であるとよく言われる。本章においては，そもそもM&Aにおける失敗と成功とはどういうことか，そしてカーブアウト型M&Aにおける買い手の課題とはどのようなことかを考察してみたい。

1　支払プレミアムとスタンドアローン問題，シナジーの実現

(1)　支払プレミアムとM&Aの成功

　買い手にとって，M&Aの成功とは，支払った価格を上回る価値を買収後に実現することである。そして，M&Aの譲渡対価は当該事業が持つスタンドアローンでの価値で決まることは少なく，当該事業単独の価値にプラスして，買い手側との相乗効果（＝シナジー）相当のプレミアムを付加した価値で決まることが多いため，M&Aの成功とは，支払プレミアムを上回るシナジー効果を実現すること，と言い換えても良い。

　また，当然であるが，シナジーというのは何の施策も実施せずに実現するということはない。シナジーは，通常は，正しい施策を考え，かつ，それを実行して初めて実現することができる。

　例えば，M&Aによってブランドが変わるだけで売上が増加して買収事業の価値が増加するということがないわけではないが，簡単そうに見えるブランドを変えるという施策にも，それなりの判断と労力がかかるはずである。

　すなわち，M&Aの成功とは，支払プレミアムを上回る施策を練り，かつ，実行して成功させること，と言うことができる。

図表 2-5-1 支払プレミアムとポストディールの課題

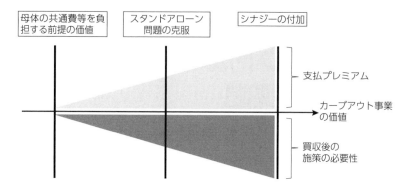

(2) スタンドアローン問題の克服

カーブアウトの場合には、さらに、通常のシナジーの実現の前に、スタンドアローン問題の克服という課題がある。

カーブアウトにおける価格交渉において述べたように、通常、買い手はスタンドアローン問題をゼロ、もしくは従来より小さなコストで解決できることを前提にした価額を、カーブアウト事業の対価として支払っている。価格交渉時に想定したコスト以上をスタンドアローン問題の克服にかけてしまったら、支払対価に見合う価値を実現できないことになる。

したがって、カーブアウトの場合には、通常のシナジーにかかわる支払プレミアムを上回るシナジーの実現に加え、見積もったコストの中でスタンドアローン問題を克服する、という課題にチャレンジしなくてはならないことになる。

(3) 支払プレミアムとスタンドアローン問題、シナジーの実現

また、支払プレミアムを上回って、スタンドアローン問題を克服し、あるいはシナジーを実現する、という課題に対しては、二つのアプローチが存在しうる。一つは、実現できるシナジー等以上にプレミアムを支払わないように買収

検討時に正しい見積りを行う，という点と，支払ったプレミアム以上のシナジーを実現するというポストディールでの施策の実行という点である。

2 買収検討時のスタンドアローン問題克服のコストおよび支払プレミアムの見積り

(1) 過去の失敗からの反省点

数多くのM&Aを行ってきた会社，特に過去に大きな失敗をした会社では，失敗の要因がM&Aの検討プロセスそのものにあったのではないか，との反省から，M&Aの検討プロセスを見直す動きが生まれている。

多くの会社では，M&Aの実行を担当するのは，経営企画部，経理・財務部などコーポレート部門であり，M&Aの意図があること自体が守秘性を伴うこともあり，トップマネジメントを含めた非常にクローズな環境で検討が行われている。

このような実行体制においては，M&A戦略の検討から買収候補の絞り込みなどM&A戦略の立案段階からM&A実行の契約締結まで，経営企画部などコーポレート部門が主導してM&A実行手続が行われることになる。

たしかにM&Aの実務においては，短期間に会社の運命を左右しかねない重大な意思決定を行う必要があり，少数精鋭による機動的なチームによって動いた方がよいという側面はある。

しかしながら，その一方で弊害もあり，この弊害がM&Aの失敗を招いたのではないか，との指摘もある。

① M&A実行の自己目的化

コーポレート部門主導でM&Aの意思決定が行われる場合，最も問題と思われるのは，コーポレート部門は，M&A実行後，スタンドアローン問題の克服や，シナジー効果を施策によって実現することには，直接的な責任を持っていないことである。

コーポレート部門主導のM&Aの実行体制においては，コーポレート部門の

図表 2-5-2 M&Aの買い手側プロセス

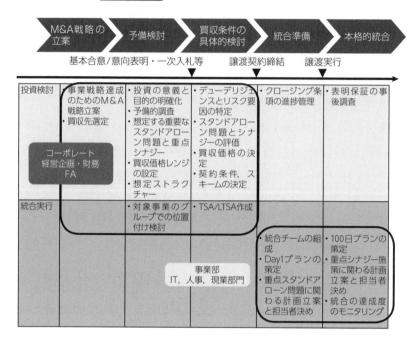

役割はM&Aの契約締結で終了してしまい，その後のスタンドアローン問題の克服，統合作業などシナジー実現施策の実行は，突然，事業部門や，IT部門，人事部門などの事業部門サイドに役割が移される。

このような体制の場合，コーポレート部門の意義と役割は，とにかくM&Aによる買収を実行することにある。

買収を実行するためには，相対取引では相手が同意できる買収価格を提示しなければならないし，オークションビッドでは他の競合会社より高い価格で入札しなくてはならないから，スタンドアローン問題の克服のための費用や，シナジー効果については，実現できそうな施策の効果の最大値を積み上げて買収価格を決定する傾向が生まれてしまう。

また，FAなどの外部アドバイザーも，買収後のスタンドアローン問題への対処やシナジーの実現には関与せず，かつ，M&Aの実行で成功報酬を得られ

るという報酬体系がアレンジされている場合もあるため，高い価格で交渉，あるいは入札することの歯止めにはならないことが多い。

② スタンドアローン問題，シナジー効果の評価

コーポレート部門主体で譲渡契約の締結まで行うということは，買収価格，買収条件の検討の中で，スタンドアローン問題やシナジー効果の評価に関し，現場事業部門の知見が不足しがちとなる。

コーポレート主導でスタンドアローン問題の評価を行う場合，ベンチマークなどでざっくりとした見積りを行うか，楽観視して特にコストを考えない傾向になりがちである。また，シナジー効果においてはできそうなものを全て積み上げ，施策失敗の可能性や施策のコストはあまり考えない，などの傾向が生まれやすい。

③ ポストディール施策実行の遅れ

コーポレート部門主体でM&Aの検討を行う体制では，譲渡契約を締結してM&Aが公表された後に，事業部門，IT部門，人事部門などの現業部門に急にバトンが渡されることになる。

現業部門はM&Aの実行段階にはほとんど関与していないから，統合する事業の内容もよくわからない中で，目標として積み上げられてはいるが，見積りの根拠や具体的な実現施策が全くない，スタンドアローン問題の克服の課題やシナジー実現の目標値を目にすることになる。

極端な場合には，クロージング条項の進捗管理や，表明保証条項のフォローについてもコーポレート部門が関与しなくなってしまう例もあり，現業部門には，突然，非常に負荷が大きく，困難な課題が降りかかってくることになる。

このような状況では，現業部門が，まず買収した事業を理解するだけで相当の時間を要し，スタンドアローン問題の克服などポストディールの課題に手をつけることがなかなかできない事態が生じる。

カーブアウトは，スタンドアローン問題を克服しないと事業の価値を棄損さ

せてしまうリスクが非常に大きい取引形態である。このようなポストディールの課題への取り組みの遅れは，M&A失敗への致命傷になりかねない。

(2) M&A検討プロセスの見直し

以上のような反省から，大きなM&Aの失敗を経験している企業ほど，M&Aの検討プロセスそのものを見直す動きがでている。それは一言で言えば，現業部門のM&Aの意思決定への関与である。

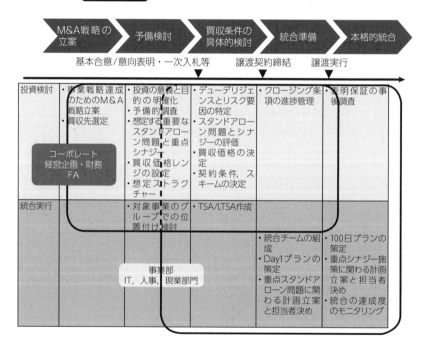

図表 2-5-3 M&Aの買い手側プロセス　その2

① 現業部門のM&A意思決定への関与のメリット

予備的検討などの段階から現業部門がM&Aの検討プロセスに関与することのメリットは，M&A実施後にスタンドアローン問題に実際に向き合い，シナジー施策を実行する現業部門が，デューデリジェンス，およびその後のスタンドアローン問題やシナジー施策の評価に関与するため，正確，かつ，実際の施策の裏付けのある評価が可能となることである。

カーブアウトの場合には，スタンドアローン問題克服のための施策とそのコストをより正確に見積もることが，オークション案件であれば払いすぎない範囲でいかに競合する他社よりも高い価格を付けられるか，相対取引であればいかに安い価格で買収するかの鍵である。現業部門が関与して見積りを行うことのメリットは非常に大きい。

また，シナジー効果をどの程度支払プレミアムに織り込むか，については，施策を網羅的に抽出した上で，より精緻に評価を行う取り組みも行われている。

図表2-5-4 シナジー評価と施策実行の取り組み例

【図表2-5-4 シナジー評価と施策実行の取り組み例】で示したのは，そうした取り組みの一例である。

現業部門の担当者は，デューデリジェンスに自ら取り組むとともに，シナジー効果創出の可能性のある事項を網羅的に挙げ，その効果（および施策実行

のコスト）を定量的に具体的数値で評価し，それぞれ実行する場合の大まかな実行計画，担当者，実行の難易度まで具体的に評価する。

　支払プレミアムをどの程度まで許容するかについて，どの施策を，どのような確率で見込むか，M&Aにかけられるリスクの評価と一体で議論することが可能となる。

② カーブアウト型M&Aで問われること

　カーブアウト型M&Aは，オペレーションを一部分断された事業を買収することを意味する。したがって，買い手側がオペレーションをどのように補完し，どのように自社に統合していくかについては，オペレーションへの理解がより重要となる取引と言える。

　一方で，M&A，特にオークション型のM&Aは，売り手が主導することから，買い手にとっては非常にタイトで厳しい意思決定スケジュールを示され，少数精鋭の部隊である方が臨機応変の対応ができることもまた事実である。

　カーブアウト型M&A成功のためには，現業部門を巻き込んだ上で，かつ，機動的なM&A検討チームを組織し，動かすことが求められ，買い手側企業の総合力が求められることになる。

3　支払ったプレミアム以上のシナジー効果の実現

(1)　M&A検討プロセスの見直しの効果

　M&A成功のためのもう一つの視点である，支払ったプレミアム以上のシナジー効果の実現の観点でも，M&A検討プロセスの見直しは有効である。

　より早期の段階から事業部門，IT部門，人事部門など現業部門をM&Aの検討プロセスのチームに入れることは，より早期の段階から買収後のスタンドアローン問題の克服，およびシナジー効果の実現に向けた施策に着手できることを意味するからである。

① ポストディールの課題への早期着手

まず，ポストディールにおいて実際の問題解決，施策実行に従事する担当者が，M&Aの検討を行っていてすでに対象事業を理解し，かつ，スタンドアローン問題の克服，シナジー効果の実現施策についても事前の検討を終え，担当者とおおよその実行計画も策定している段階からスタートできるため，譲渡契約締結後，すぐにポストディールの準備作業に入ることができる。

カーブアウトの場合は，事業継続に必要なリソースが欠け，オペレーションが分断された状況の事業を買収する。したがって，買収前後には非常に多くの重要なタスクが集中することになるため，譲渡契約締結後にポストディールのタスクを考えていたのでは間に合わないことも多い。

ポストディールのタスクの実行を担う担当者が早期からM&Aのプロセスに関与していることの意義は，カーブアウト型M&Aのポストディールにおいて非常に大きい。

② スタンドアローン克服，シナジー施策へのコミット

次に，スタンドアローン問題の克服のためのコスト，シナジー効果の評価を行った担当者が，その実行も担うことになるため，施策の実行に対するコミットメントが非常に大きく，より真剣かつ集中した取り組みが期待できる。

このように，M&A検討プロセスを見直し，統合の実務にあたる担当者のコミットメントを引き出す効果は，M&Aの成功の大きな助けとなる。

(2) ポストディールの取り組みにおける留意事項

【図表2-5-5　ポストディールの取り組み例】は，一般的なM&Aにおいて，買収後の統合に向けどのような取り組みが行われるべきであるかを示した例になる。

① 一般的M&Aでの取り組み

譲渡契約を締結したら，すぐにポストディールの準備に入らなければならな

図表 2-5-5 ポストディールの取り組み例

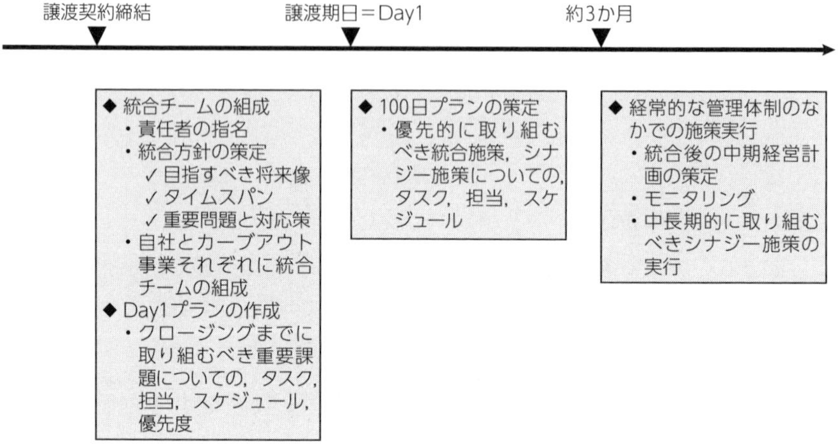

譲渡契約締結 ────── 譲渡期日＝Day1 ────── 約3か月 ──────▶

◆ 統合チームの組成
・責任者の指名
・統合方針の策定
  ✓ 目指すべき将来像
  ✓ タイムスパン
  ✓ 重要問題と対応策
・自社とカーブアウト事業それぞれに統合チームの組成
◆ Day1プランの作成
・クロージングまでに取り組むべき重要課題についての，タスク，担当，スケジュール，優先度

◆ 100日プランの策定
・優先的に取り組むべき統合施策，シナジー施策についての，タスク，担当，スケジュール

◆ 経常的な管理体制のなかでの施策実行
・統合後の中期経営計画の策定
・モニタリング
・中長期的に取り組むべきシナジー施策の実行

い。譲渡実行日までには，クロージング・コンディションと呼ばれる譲渡実行までに最低限整えなければならない要件の履行のほかにも，必ず実施しなくてはならないタスクがあるからである。

　一般的には，譲渡契約後ただちにポストディールの課題解決にあたる統合チームを編成し，自社への統合のための指針を策定し，さらに，Day1＝譲渡日までに最低限こなさなくてはならないタスク，重要なタスクを特定するとともに，担当者，スケジュールを定めたDay1プランとよく言われる譲渡日までのタスクリストを策定する。

　その後，Day1までには，クロージング・コンディションの充足とともに，Day1プランの実行について進捗管理を行いつつ，着実に実行する。

　さらに，同時並行で，Day1から短期に優先的に取り組むべき課題を洗い出し，スケジュール，担当者を定めた100日プランとよく言われる優先課題への短期的取組計画の策定作業を行う。Day1（＝譲渡期日）を迎える前には100日プランを完成させていることが理想である。

　クロージング後概ね3か月程度の間は，集中的に100日プランに挙げた課題

に取り組む。同時並行で，表明保証条項が充足されていることの確認など，譲渡契約に関するフォローアップ作業も発生する。

　一般的なM&Aにおいても，ポストディールにおける実際の統合作業には手間がかかるものであるが，カーブアウトにおけるポストディール作業では，スタンドアローン問題の克服のためのタスクが加わるためより多くの作業が発生する。

②　カーブアウトの場合の留意点

　株式譲渡で会社を丸ごと買収した場合，統合の効果，すなわちシナジー効果を実現しようと思えばそれなりに大変な作業が発生するが，少なくとも買収した時点から買い手が何も手をかけなくても，極端に事業の価値が下がったりすることは考えにくい。会社を丸ごと買収したのであれば，マネジメントも，会社としての機能も全て一通りそろっているから，買い手が何ら施策を実施しなかったとしても，少なくとも自律的に事業活動を継続することは可能である。

　一方，カーブアウト，特に事業譲渡の場合には，会社を丸ごと買収した場合とは異なり，事業の継続には買い手側が何らかの機能の補完をしないと事業の価値が非常に棄損しやすく，事業継続が困難な場合もある。

　譲渡実行日には，事業が実際に売り手から分離され，そこから先は売り手からのサービスの提供が受けられなくなるため，事業の継続，あるいは価値の維持のために必要な機能，手続については，何としても譲渡日までに対策をとらなくてはならない。

　したがって，一般に，カーブアウトの場合のDay1プランの策定と実行は，会社を丸ごと買収した場合に比べて，著しくシビアかつ重要な課題となる。

　そのための対策としては，譲渡契約締結から譲渡日までの間にある程度準備期間を設けられるようにしておくことが必要であるし，また，買い手側としてタスクが多いのは間違いないので，ある程度のマンパワーを確保して投入する以外には有効な対策はない。大規模な案件の場合には，統合プロジェクトの専任担当者を一定数おかなければならないであろう。

4 スタンドアローン問題克服のためのスキーム等の工夫

　カーブアウト型M&Aにおいて，買い手側にとって最も懸念される点は，やはりスタンドアローン問題による事業の継続性の問題である。

　特に，カーブアウト事業が売り手母体から提供されているサービスの割合が大きく，自律性が低い場合には，買収後に事業の継続性を維持し，少なくとも事業の価値を毀損させることなく，シナジーの実現に取り組むことができるのかという不安は大きい。

　このような場合には，まず，スタンドアローン問題を確実に克服し，事業の継続性が維持できる見通しがたたなくては，買収の意思決定ができない。

　この場合には，スキームや，契約条件を工夫し，事業の継続性を維持するような条件を交渉することで，買収失敗の確率を下げることができる可能性がある。

(1) 売り手が分社化した事業の買収

　買い手が提案するカーブアウト範囲が，事業としての一体性，自律性に欠けており，買収後の買い手による事業の運営についての不安要素が大きい場合には，まず売り手側でカーブアウト事業の分社化を行い，その後に，買い手が分社化したカーブアウト事業の株式を引き受ける，というスキームを検討することがある。

　売り手がカーブアウト事業を分社化することで，カーブアウト事業の資産・負債，契約，人などの範囲が明確になり，また，同じグループではあるものの，母体に残った部門から提供されるサービスについては，会社同士の取引となるからオペレーションについても明確化される。

　買い手側にとってはカーブアウト事業の透明性が増すことで，買収の意思決定がしやすくなる。

　なお，分社化後にすぐ買い手が買収するのではなく，分社化後に一定期間の運営を売り手傘下で行った方が，問題点がもしあれば洗い出されているし，ま

図表 2-5-6 売り手による分社化後のカーブアウト

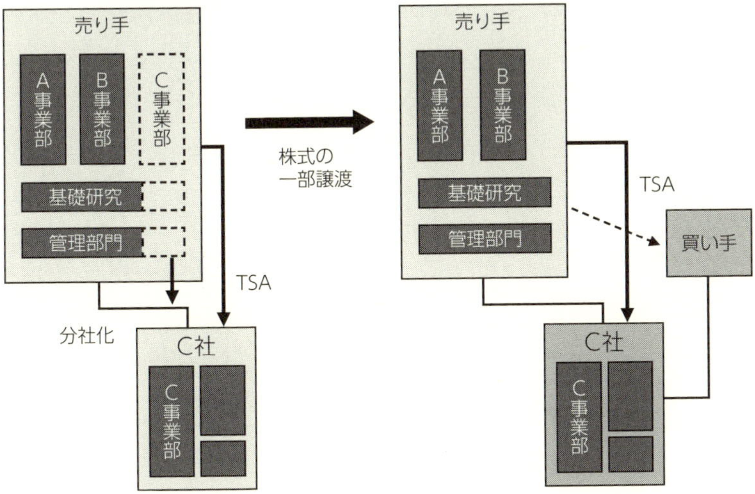

た何より実際の分社化事業の実績損益が把握できるため望ましい。

また，分社化することのメリットには，譲渡対象が株式となるため，売り手が所有権の一部を留保させることが可能となる点がある。売り手が所有権を一部留保することで，売り手が譲渡後の事業の運営にも一定のコミットメントを持つことになるため，カーブアウトされる従業員を安心させることができる。

ただし，良いことばかりではない。分社化後の所有権の移転の場合，買い手が買収した後に統合効果が出しにくくなるという側面がある。分社化ということはカーブアウト事業をある程度自律的に運営させるということであるから，それとトレードオフで，買い手との統合が困難になり，シナジーの実現についてもやりにくい面が出てくる可能性がある。

特に，買い手の所有権が一部留保されていたり，売り手からTSA/LTSAなどのサービス提供を受ける場合にはその傾向が強くなる。

(2) TSA/LTSAの利用

TSA/LTSAを利用することは，事業の継続性の維持にとっては非常に有効

である。

　売り手から提供を受けていた機能・サービスが全てTSA/LTSAで提供されるならば，売り手傘下にあったのと同じオペレーションが可能である。

　ただし，こうした売り手からの提供サービスについては，前述したように，買い手側から見ればキャッシュアウトとなるため，利用を一部に留めるか，買収後間もない期間の安定化装置としての暫定的な利用と考えておくべきである。全てのサービスを長期間利用する，ということでは，そもそものカーブアウトの意義が失われかねない。

(3) アーンアウト

　M&A一般において，譲渡対象の事業の将来損益水準の見解が売り手と買い手で分かれ，買収価格の合意が困難な場合に，アーンアウトと呼ばれる手法が使われることがある。

　アーンアウトとは，現時点ではある意味暫定の買収価格を合意しておき，将来の損益実績を見て，ある一定条件をクリアしていれば追加の買収対価を買い手が支払う仕組みであり，一種の価格調整条項とも言える。

　カーブアウトの場合，M&Aが事業譲渡の形態をとる場合には，カーブアウト事業が買い手と混然一体となってしまうことから，カーブアウト事業のみの損益実績の定義が困難であるため現実的ではないが，分社化して株式譲渡を行うような場合，そもそもグループ傘下の事業会社の売却である場合などには検討の余地があるスキームである。

　売り手が分社化した事業の買収のように，買い手が持分を一部留保している場合には，買い手のカーブアウト事業への協力のインセンティブを高める効果を持つだろう。

第3編

売り手側のカーブアウト戦略と準備

　前編までは，カーブアウト型M&Aの買い手側の立場でのカーブアウト事業に対する分析の進め方，カーブアウト事業評価の考え方と，それを踏まえた交渉上の留意点を見てきた。

　では，カーブアウト側M&Aの売り手側の立場では，カーブアウト戦略をどのように考え，戦略の実現のためどのような準備をしたらよいのであろうか？　また，買い手の交渉においてはどのような留意点があるのか？

　カーブアウト型M&Aの売り手は，戦略と準備次第では，カーブアウト事業売却によって大きな利益を得ることができる可能性がある。本編では，カーブアウト型M&Aの売り手としての戦略と準備について解説したい。

第1章

売り手側の譲渡価格交渉戦略

　まずは具体的な譲渡価格の交渉において，売り手側が実現すべきこと，および交渉ポイントについて，売り手としてのカーブアウト戦略の意義と，過去の失敗例から考えてみたい。

1 売り手側がカーブアウトで実現すべきこと

(1) 売り手側のカーブアウトの意義

　売り手側にとってのカーブアウト事業売却の戦略的な意義は，自らがノンコア事業と位置付ける事業を売却し，M&Aを含むコア事業の成長に向けた戦略的投資の資金を確保すること，また，過剰債務の企業であればより多くの借入金返済資金を獲得すること，である。もちろん，カーブアウト事業の従業員に配慮し，雇用を維持するなど大切な点は他にもあるが，戦略的な意義に絞った場合には，より高い価格で売却することこそが重要である。

(2) 売り手側にとっての譲渡価格の交渉レンジと戦略

　【図表3-1-1　カーブアウト事業の譲渡価格交渉レンジ】は，売り手側の譲渡価格交渉の留意点の解説でも使用したカーブアウト事業価格交渉の交渉レンジの概念図である。

　この図を見てわかることは，まず，売り手側としては，カーブアウト事業の共通費等配賦前での損益水準に見合う譲渡価格以上でないと，安心して事業を売却できないということである。

　理論的には，リストラクチャリングが実行可能であれば，当該分は譲歩の余地

図表 3-1-1 カーブアウト事業の譲渡価格交渉レンジ

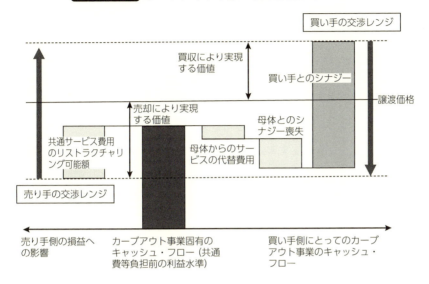

はあるものの，それはリストラクチャリングが成功することが前提である。したがって，できる限り不確定要素を除いた上でカーブアウトにより価値を増加させるためには，共通費等負担前の損益水準に見合う譲渡価格以上での売却を目指すべきである。

　反対に，買い手がカーブアウト事業の対価として支払う可能性のある上限は，共通費等負担前の損益水準から，母体からのサービスの代替費用を控除し，シナジー効果の純増分を付加した水準である。

　したがって，売却価格を上げるためには，母体からのサービスの代替費用があまり発生せず，かつ，シナジーが多い買い手，すなわち，交渉レンジの上限が高い買い手と交渉することがまず必要である。

　また，交渉レンジの上限が高い買い手と交渉しても，相手に足下を見られてしまっては交渉レンジの低い方の価格となってしまうため，買い手がより高い価格を提示するような交渉の枠組みを考えておく必要がある。具体的には，より多くの買い手候補が存在し，オークションに複数の買い手が入札したり，

オークションとはしなくとも，交渉相手とは別に潜在的な買い手が複数存在する状況を作らなければならない。

つまり，母体からのサービスの代替にコストがかからないか，シナジーが大きいかどちらか，あるいは両方の，より高い買収価格の上限レンジを持つ買い手候補が，潜在的に複数存在するような状況を作って交渉すれば，より高い価格でカーブアウト事業の売却を行うことができるということになる。

また，事後的に売却先を探すのではなく，より高い価格で買収する買い手が複数現れるようなカーブアウト事業の範囲，枠組みを考えた上でそもそものカーブアウト計画を練っておくことができれば，より高い売却価格でのカーブアウトを実現しやすい。

さらに，もし固定費となっている共通サービス部門費用をリストラクチャリングによって削減した場合には，当該削減費用相当を売却で得たプレミアムに上乗せして，さらに自社の価値を増加させることができる。これは，売却交渉ではなく，自社のリストラクチャリングを成功させることによって実現できる価値である。

まとめると，

1）カーブアウト事業に高い価格を付ける買い手を選定すること
2）オークションや潜在的な買い手候補が複数いる有利な状況で交渉を行うこと
3）そもそも上記のような有力な，複数の買い手が現れやすいカーブアウトの範囲，枠組みを検討しておくこと
4）カーブアウト後に余剰となるキャパシティのリストラクチャリングプランを練っておくこと

が，カーブアウトを成立させるための施策ということになる。

このような施策を，カーブアウトを行うと意思決定してすぐに実行できるかというと，それはやはり困難と言わざるを得ない。売り手がカーブアウトによ

り，より大きな価値の増加を実現させるためには，相当の準備が必要となる。

2 売り手側のカーブアウト戦略の欠如

　欧米を中心とした海外においては，カーブアウトを行う場合，大規模な案件であれば，半年～1年程度の時間をかけ，かつ，会計士などの外部専門家に委託して，相当の準備を行うことが実務としてある程度根付いている。

　これは，売り手にとってのカーブアウトが，選択と集中のための重要な経営上の選択肢であることもさることながら，戦略的にカーブアウトを行うことで，売り手側により多くの価値の増加がもたらされることが意識されているためであるものと推察される。

　これまで説明してきたように，買い手が追加支出なしに母体からのサービスを代替できるのであれば，共通費等負担前のキャッシュ・フロー水準に基づいた価格をベースにして，カーブアウト事業を売却することが十分に可能である。

　さらに，母体からのサービスを提供するためのインフラとしての共通部門を，カーブアウト後の事業規模に見合うようリストラクチャリングし，コスト削減を達成したならば，理論上は，自らが事業を継続した場合よりもずっと大きな価値の増加を達成することが可能となる。

　また，「M&Aの勝者は売り手である。」とは，よく言われることである。売り手は事業の売却によりM&Aによる利益が確定するのに対し，買い手は支払ったプレミアムを上回る施策を成功させて初めてM&Aによる利益が得られるのであり，実はM&Aを実行した段階では何一つ利益が得られていない。さらに言えば，支払プレミアムを回収するための施策はしばしば失敗する。

　このように，戦略と準備次第では，カーブアウトによって事業を売却することは，売り手側に多くの利益をもたらす可能性のある取引であると言える。

　ところが，日本においては，カーブアウトの売り手側が，時間をかけて売却を準備したり，準備のために外部の専門家に委託したり，という実務が根付いているとは必ずしも言えない。

　これがなぜかは定かではないものの，日本的経営，家族的経営を旨としてき

た日本においては，大企業が傘下の事業を売却することはネガティブなイメージが付きまとい，経営者としてはなるべく避けたい経営の選択肢であったことと関係があるかもしれない。

過去において大型のカーブアウトが起きるのは，金融機関から経営再建をせまられた過剰債務企業が，債務の軽減のため，生き残りをかけてスポンサー企業に一部事業を売却するような例が多かった。このような，どちらかと言えば後ろ向きのカーブアウトにおいては，債務の返済スケジュールや，破たん処理のスケジュールをにらんでぎりぎりの状態でカーブアウトが行われることが多いため，戦略を練る時間も，準備を行う時間もないままに成り行きで売却が行われることになる。このような中では，どのようなカーブアウトを行うか，その範囲や方法もかたまっていない状況であることもめずらしくなく，いくらオークションによって買い手の競争をあおっても，結局はディスカウントされ，買いたたかれる結果になることが多かった。

最近になって，選択と集中を前面にした経営スタイルが日本にも登場しはじめ，いわゆる戦略として事業売却をとらえる経営者が増えてきた。

その良し悪しについては，様々な考え方があると思うが，すくなくともカーブアウトを経営上の意思決定として選択したならば，より高い売却価格を実現するよう，売り手側としての戦略と準備を考える必要がある。

3 売り手側からみたカーブアウト事業のディスカウント要因

具体的な売り手側の準備について考える前に，売り手ができる限り高い値段で売却したいと考えているのに対し，買い手が高い値段を付けない，あるいは付けられないディスカウント要因を整理してみたい。

売り手側としては，これらのディスカウント要因をできる限り排除することが，カーブアウトの準備における目標となる。

(1) 事業の収益性

まずは，基本的にカーブアウト事業自体の収益性を買い手が評価してくれな

図表3-1-2 売り手が期待する価値からのディスカウント要因

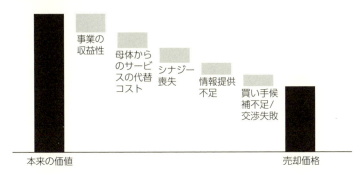

ければ，高い価格で交渉することはできない。もちろん，事業についての根本的な収益性を短期間に改善することは困難であるが，例えば余剰人員が多い，社内の事業で不効率なオペレーションがある，などがディスカウント要因となっている可能性がある。

　このような場合，カーブアウト範囲やカーブアウトするプロセスの見直しによって改善が可能な場合は十分考えられる。

　余剰人員などの問題は，高い価格で売却するかわりに，社内でのリストラクチャリングを強いられるか，あるいは逆に，売却価格は低いが社内でのリストラクチャリングは必要ないかのトレードオフであることが多い。

　しかしながら，一般に，買い手側が買収事業のリストラクチャリングを行うことは非常に困難である。カーブアウト事業の従業員は，慣れ親しんだ母体企業を離れてただでさえ不安なところ，買い手側がリストラクチャリングの一環で人員整理を行ったとたんに，ただちにカーブアウト事業の従業員の信頼を失ってしまうことは必然である。

　したがって，売り手側がカーブアウト事業の理想的な形を構築して事業を売却し，自らの責任でリストラクチャリングを実行した方が，より大きな価値を手にできる可能性は高い。

(2) 共通サービスの代替コスト

　カーブアウトにより提供されなくなる母体からのサービスの，買い手側での代替コストが大きい場合にも，事業の価値がディスカウントされてしまう。

　代替コストが大きいか，小さいかについては，買い手がどのようなリソースを保有しているかに依存するため，どのような買い手候補を選定するかによって左右される。

　一方で，売り手が安価に提供できるサービスがある場合には，カーブアウトの範囲や，TSA/LTSAの提案を工夫することで，結果として売り手によりメリットをもたらす枠組みを構築できる可能性がある。

　また，母体から提供されているサービスの範囲が比較的大きい場合，買い手側としては，事業価値を毀損させずにオペレーションを継続することに大きな不安をいだくことが想定される。このような場合，事業の継続に必要なサービスの補完について，過度に保守的なコストが見積もられ，必要以上に事業の価値がディスカウントされてしまう。対策として，売り手が，TSA/LTSAなどにより事業継続の安定性をサポートするような枠組みを検討することで，ディスカウントを防げる可能性がある。

(3) シナジー喪失

　カーブアウトは，そもそも一体だったものが分離される取引なので，規模の経済の喪失をはじめ，一定のシナジー喪失による損失が考えられる。

　しかしながら，オペレーションの分断や，規模の経済の喪失をなるべく避けるようなカーブアウト範囲や，カーブアウト後の協力体制を検討することで，シナジーの喪失を軽減することができれば，より高い価値で売却できる可能性がある。

(4) 買い手へのデータ提供不足

　カーブアウトの場合，カーブアウトの範囲や，カーブアウト後の想定オペレーションが従来の組織区分，オペレーションとは異なることが通常であるため，

一般に，売り手が管理している管理会計データの中には，買い手が要求するデータがないことが多い。

一方で，買い手側は，短期間のうちにスタンドアローンコスト，シナジー効果の増減を検討する必要があるから，一般に情報要求が膨大となる。

買い手側としては，わからない点はディスカウントして交渉せざるを得ないため，情報の提供不足が思わぬ事業のディスカウントを招くことがある。

この点，売り手が十分な情報提供の準備を行うことで，無用なディスカウントを避けることができる可能性がある。

(5) 買い手候補不足／交渉戦略の失敗

そもそもカーブアウト事業に高い値段をつけられるのは，母体から提供されなくなるサービスの代替コストが小さく，かつ，カーブアウト事業と大きなシナジーを持つ買い手である。したがって，どのような買い手候補を選定して交渉するか，を戦略的に考える必要がある。

また，買い手候補が少ない場合には，交渉上売り手の立場が弱くなるが，買い手候補が多ければ，売り手の交渉力は強くなる。

どのような買い手候補をターゲットにするのか戦略を練ったうえでカーブアウトを実施することで，より高い価格での事業売却が実現できる。

第2章

売り手側のカーブアウト準備

　前章では売り手側としてのカーブアウト事業の譲渡価格交渉戦略について考察したが，戦略の実現には，周到な準備が必要であり，かつ，カーブアウトの売り手側はその準備の時間を確保することが可能である。

　本章では，売り手側がどのような準備をすることで戦略を実現できるか，考えてみたい。

1　カーブアウト準備プロセス

カーブアウトの準備プロセスは，
(1) カーブアウトについて初期的な評価を行う基本方針の策定ステージ
(2) より具体的なカーブアウト方針を定義するカーブアウト戦略の立案ステージ
(3) 具体的に資料を作成し，詳細な定量評価を行ってカーブアウト戦略を検証する資料作成ステージ
(4) 買い手候補のデューデリジェンスを受け，売却価格，売却条件の交渉を行う売却交渉ステージ
(5) 売却実行後に自社に必要なリストラクチャリングを行うリストラクチャリングの実行ステージ

に分けて考えることができる。

(1)　基本方針の策定

　カーブアウトに向けたプロジェクトの立ち上げにあたり，カーブアウトの基

図表 3-2-1 カーブアウトの準備プロセス

基本方針	カーブアウト戦略の立案	資料作成	売却交渉	余剰経営資源のリストラクチャリング
・カーブアウトの目的とカーブアウト範囲の初期的定義 ・想定する売却価格 ・潜在的買い手 ・懸念事項とその対策	・潜在的買い手の絞り込み ・カーブアウト範囲の定義 ・スタンドアローン問題の評価 ・買い手に訴求するシナジー ・自社のディスシナジーと対策 ・自社のリストラクチャリング方針 ・ストラクチャー(株式譲渡,事業譲渡他)と売却時期 ・従業員の待遇 ・財務会計および税務上のインパクト ・プロフォーマ財務情報,事業計画作成方針	・プロフォーマ財務情報の作成 ・事業計画の策定 ・マネジメント・プレゼンテーション,インフォメーション・メモランダムなど,その他買い手への提供データの準備 ・買い手にとって,売却価値を下げる可能性のある項目,ディールブレーカーとなり得る項目,潜在的リスクの評価 ・買い手にとってのシナジーとなりうる項目の評価 ・売却価格の評価とレンジ設定 ・買い手とのQAの準備 ・自社のリストラクチャリングプランの策定	・DD受入 ・売却価格の交渉 ・契約条件の交渉 　➢ 価格調整 　➢ 表明保証 　➢ ストラクチャー 　➢ TSA/LTSA	・リストラクチャリングプランの実行

本方針を策定し,プロジェクト開始について,経営陣の承認を得るステージである。

最も大事なのは,カーブアウトの目的を明確にすることである。

プロジェクトを継続していくにあたり,混乱が生じた場合にカーブアウトの目的が明確でないと迷走を招きかねない。混乱が生じたときに,何が目的なのか,立ち戻って考えられるように,しっかりとした目的を定めておくことが重要である。

また,具体的なカーブアウトの範囲はともかく,分離するカーブアウトの範囲

は何なのか，概念としての基本方針を定めることが重要である。想定する売却価格や，潜在的な買い手，もしカーブアウトにあたっての重要な懸念事項があるのであればその対策などが検討されているべきである。

基本方針については，経営陣の承認を得た上で，カーブアウトの準備プロセスを本格的にスタートさせることになる。

(2) カーブアウト戦略の立案

カーブアウトのための具体的な資料作成作業に入る前に，カーブアウト戦略を定めるステージである。

① 想定される買い手の絞り込み

ここで大切なのは，ある程度想定される買い手を絞って戦略を定めることである。先に述べたように，カーブアウトの場合には，買い手によってカーブアウトされないサービスの代替コストが異なり，またシナジー効果も異なることから，高い価格を付けられる買い手と，そうではない買い手がはっきりと分かれることがある。また，想定される買い手によって，どのようなカーブアウト範囲であれば高い価格を付けられるのか，異なる場合がある。

② カーブアウト範囲の特定

ある程度想定される買い手を絞ったところで，カーブアウト範囲を具体的に定義する。カーブアウト範囲が定義されたならば，どのようなスタンドアローン問題が起こるのかを検討し，当該影響を評価する。

ここで重要なのは，カーブアウト範囲の定義において，資産・負債，人，契約などを定義するのみではなく，カーブアウト事業がどのようなオペレーションを行うことになるのかも含めて考え，立体的なカーブアウト範囲をイメージすることである。どのようなオペレーションが行われるかが想定されていないと，どのようなスタンドアローン問題が起こり得るかを網羅的に検討することができない。

③ 買い手側のシナジーと自社のディスシナジーの特定

さらに，買い手にどのようなシナジーを訴求するのか，自社にどのようなディスシナジーが起こるのかを検討し，方針を定める。より高い価格を買い手につけさせるためには，どのようなシナジーを買い手が付加できそうなのか，また，自社のディスシナジーがカーブアウト事業に与える影響を抑制することが重要となる。

また，ディスシナジーが自社側に与えるインパクトがあれば，その抑制策も練っておく必要がある。

④ リストラクチャリングプランの立案

カーブアウトによりキャパシティに余剰が生じる共通サービス部門の影響も，ディスシナジーの一つと言える。カーブアウトによって生じる余剰経営資源のリストラクチャリングは，カーブアウトの全体的な成否に大きな影響を与える重要ポイントであり，早い段階からリストラクチャリングプランを練っておく必要がある。

⑤ ストラクチャーおよび売却時期

カーブアウトのストラクチャー，売却時期についても想定しておく必要がある。ストラクチャーによって準備期間や準備プロセスが変わることがあり得るため，想定されうるストラクチャーのスケジュール，メリット・デメリットなどを検討し，メインシナリオを策定しておく必要がある。

⑥ 従業員の処遇の検討

また，従業員の待遇をどのようにするかは，売り手にとって非常に重要な問題である。日本においてカーブアウトがなかなか行われなかった要因の一つに，カーブアウト事業に含まれる従業員への配慮があったことは事実であろう。想定しているカーブアウトの範囲とストラクチャーにおいて，移管される従業員の範囲はどのようなもので，従業員および自社にどのような影響があり得るの

か，従業員への配慮のために売り手に対して付す条件はあるのか，事前に十分に検討しておく必要がある。

⑦　財務会計上，税務上のインパクト検討

さらには，カーブアウトを行った場合の，会計上，税務上のインパクトにおいても検討しておく必要がある。

もちろん詳細な検討は，売却準備において詳細な財務関連資料を作成しないとできない部分もあるが，このステージにおいても，カーブアウト範囲やストラクチャーの策定のため，できる範囲においてシミュレーションをしておくべきである。

カーブアウト事業の損益水準や，買い手にとっての税務的な影響とともに，自社のカーブアウト後の損益水準がどのようなものになり，どのような税務的な影響があるのかを検討しなくてはならない。

⑧　準備資料の検討

カーブアウトにより事業を売却するためには，買い手にプロフォーマ財務情報や，事業計画を提供しなくてはならない。

カーブアウト範囲の定義にしたがい，カーブアウト資産・負債の明細，契約一覧，過去のプロフォーマ損益計算書や，事業計画などカーブアウト事業に関する資料を，どのような方針に基づいて作成するかを決めておく必要がある。

⑨　事業売却までのスケジュール策定

最後に，次の資料作成ステージ以降の作業の実施計画も策定しておく必要がある。

優先順値をどのように考えるかを決め，いつまでに何を作成するか，スケジュール表に落とし込んでおくことが望ましい。

(3) 資料作成

以下のような資料作成を中心にした，買い手との交渉への準備ステージである。

- 自社のカーブアウト事業の評価に用いるとともに，デューデリジェンスで買い手に提供するカーブアウト範囲の明細，プロフォーマ財務諸表，事業計画などの資料
- インフォメーション・メモランダム，マネジメント・プレゼンテーションなど，デューデリジェンスにおいて買い手に提供するその他の資料
- 買い手のシナジー評価資料，買い手にとって売却価値を下げるか，ディール・ブレーカーとなりうる潜在的なリスク評価資料など，買い手との交渉に用いるための資料
- 自社のディスシナジーの評価，リストラクチャリングの影響評価資料など
- 売り手としての売却価格の検討資料
- 買い手との想定問答

なお，資料準備にあたっては，デューデリジェンスにおいて買い手から要求されるであろう資料についても念頭に置くべきである。どのような資料を要求されるかは，「第2編　第2章　③　財務デューデリジェンスのプロセス　(2)依頼資料」に記載した【図表2-2-3　カーブアウトにおける財務デューデリジェンスの依頼資料例】などが参考になるはずである。

資料準備ステージにおいて，デューデリジェンスを念頭においてしっかりとした準備をしておくことが，結果として案件クローズまでの労力を減らすことにもなる。

(4) 売却交渉

買い手候補のデューデリジェンスを受け入れ，買い手と譲渡価格，譲渡条件を交渉し，譲渡契約書を締結するステージである。

オークションビッドを行う場合には，同時並行で，あるいは時期をずらして何回かに分けて複数社と売却プロセスを進めることになる。

(5) リストラクチャリングの実行

譲渡契約の締結後，買い手との間では，クロージング・コンディション（譲渡期日に譲渡を予定通り実行するための売り手，買い手双方の充足条件）の履行プロセス，表明保証の検証と補償などのプロセスがあるが，それに加えて，自社の余剰経営資源のリストラクチャリングが重要な課題となる。

売り手としては，カーブアウト価格の交渉においては，自社の余剰経営資源のリストラクチャリングを行わなくても見合う価格以上での売却を実現し，その上で，さらにリストラクチャリングを行うことで自社のキャッシュ・フローを改善すれば，カーブアウトによってより大きな自社の価値増加を実現できる。

2 カーブアウト戦略の立案における留意点

(1) カーブアウトの範囲と定義

カーブアウト範囲については，目的に対して，最も効果的な範囲を慎重に吟味する必要がある。

以下を総合的に勘案し，カーブアウト範囲が，自社の価値増加にとって最も効果的な範囲を検討しなくてはならない。

① 自社の戦略における事業の範囲

売り手側のカーブアウトの最大の目的は，自社の全体戦略から見てノンコア事業と位置付けられる事業を売却し，コア事業のための投資資金を得ることである。この目的に照らし，どの範囲をノンコア事業として切り出すことが適当なのかが，検討する上での基本となる。

② 分離に伴う自社とのディスシナジー

カーブアウト事業と自社グループの他の事業には，何らかのシナジーがある

場合がある。分離によってカーブアウト事業にディスシナジーが生じれば，売却価格が低く抑えられてしまう。また，残存する自社の事業に与える場合の影響も考慮しなくてはならない。

自社とカーブアウト事業の双方にデメリットが少ないカーブアウト範囲はなんなのかを，検討すべきである。

③ 買い手候補とのシナジー

買い手側とのシナジーが大きい場合には，事業の売却価格がより大きくなる余地が生じる。

事業に関連する特定部門，例えば研究開発部門，営業部門などは，自社に残した方が価値を持つのか，あるいは当該部門をカーブアウト範囲に含めることでより高い売却価格を目指した方が価値を持つのか，検討の余地がある場合がある。

自社のディスシナジーと買い手側のシナジーをにらんで，戦略上の検討を行うべきである。

④ 買い手側と重複する機能の有無

買い手側と重複する機能がカーブアウト範囲に含まれている場合には，買い手側としては潜在的にはより高い評価を行うことが可能であったのに，事業に対する評価を低くしてしまう。買い手側が買収した事業のリストラクチャリングを行うことは，少なくとも短期的には非常に困難だからである。

買い手側が投資することなく補完可能である機能については，カーブアウト範囲に含めないことが望ましい。

⑤ 自社でのリストラクチャリングの容易さ

逆に，通常であればカーブアウト範囲に含まれる機能を一部自社に残存させた場合には，自社におけるリストラクチャリングが課題となる。

他部門への転用などリストラクチャリングが容易に実施できる状況であれば，

買い手と重複する機能については自社に残存させるべきである。

一方，自社に残存させてもリストラクチャリングが困難な機能がある場合，買い手候補を含め，売却戦略を見直す必要があるかもしれない。

(2) オペレーション像の具体化

カーブアウト戦略の立案においては，カーブアウト範囲とともに，カーブアウト事業のオペレーションを具体的に想定し，立体的にカーブアウト事業の定義を検討すべき，と述べたが，具体的にどのようなポイントを想定すべきか，チェックリストの例を【図表3-2-2　分離する事業範囲とオペレーション像の

図表3-2-2　分離する事業範囲とオペレーション像の具体化

項目	内容
組織・人	□ 業務の遂行にあたり必要な組織および人は？ □ 兼任の有無。兼任がある場合当該人材をカーブアウトするのか，残すのか？ □ カーブアウトされない組織・人に関し，買い手でどのような代替が考えられるのか？ □ キーパーソンの有無と移管可能性は？ □ カーブアウトにあたり想定される従業員の反応
ロケーション	□ カーブアウト事業が利用する事業所は何か？ □ 事業所の切り離しは可能か？ □ 売り手の事業所に隣接する事業所をカーブアウトする場合，セキュリティの問題は生じないか？
設備	□ カーブアウト事業に必要な設備は何か？ □ 当該設備は専用資産か，共用資産か？ □ 共用資産について分離可能か？　分離できない場合，代替する方法はあるか？
IP資産，ライセンス契約	□ カーブアウト事業に必要なIP資産とクロスライセンスを含めたライセンス契約は何か？ □ 当該IP資産，ライセンス契約はカーブアウト事業に固有なものか，それとも他事業との共用資産か？ □ 共用資産については，分離するか否か？　分離できない場合，代替する方法はあるか？
システム	□ カーブアウト事業に対し，売り手により提供されているシステム機能は何か？ □ カーブアウト事業が負担すべきライセンス費用，発生するシステム運営費などは何か？ □ カーブアウト事業の独立に向けて想定される移行手続と，一時費用は？

項目	内容
契約	□カーブアウト事業の第三者との契約には何があるのか？ そのうち，移転が必要な契約は何か？ □カーブアウト事業との内部取引で，カーブアウト後に買い手と契約が必要となる取引はあるか？
債権債務	□カーブアウト事業の債権債務にはどのようなものがあるか？ □他事業との分離が可能か？ □カーブアウト後の回収，支払業務を誰が行うか？
取引先	□カーブアウト事業と売り手の他事業の共通の取引先はどの程度存在するか？ □カーブアウト事業にとって，あるいは売り手の他事業にとってのカーブアウトによる影響は想定されるか？（取引価格，取引量，決済条件など） □売り手側が規模の経済を喪失することによる調達コスト，販売価格等への影響はないか？
業務プロセス・機能	□カーブアウトされる事業と，どのような機能が共有されているか？ □カーブアウト事業単独で保有していない機能は何か？ □カーブアウト事業にない機能は再構築可能か？ あるいは想定される買い手で代替可能か？ □TSAもしくはLTSAを検討する必要はあるか？
内部取引	□カーブアウト事業と他部門の内部取引はあるか？ □内部取引がある場合，カーブアウト後に継続するか，また，取引条件は？
管理体制と会計	□カーブアウト後に事業のマネジメントを行うのは誰か？ □カーブアウト事業の会計報告に求められる要求は何か？ □カーブアウトの会計情報のとりまとめを誰が行うのか？

具体化】に示した。

内容は，買い手がデューデリジェンス時に検討すべきスタンドアローン問題の検討，カーブアウト範囲の確認と内容的にほぼ同じになる。カーブアウト事業の範囲については，最終的には売り手と買い手で合意する事項であり，デューデリジェンスでも問われる内容であるため当然である。

(3) 想定する買い手と売却方法

カーブアウト戦略の立案上，どのような買い手を想定するかは重要である。買い手により，シナジーや，代替できる機能が異なるため，場合によってはカーブアウトの範囲に影響を与えるからである。

固有名詞で買い手候補を絞り込めれば，より具体的な戦略の立案につながるが，一方で買い手候補の選択肢をせばめるようなカーブアウト戦略を立ててしまうと買い手候補が少数となり，買い手との交渉力を弱めることになる。一般に，あまりにも買い手候補の選択肢を狭めるようなカーブアウト戦略はとるべきではない。

　売却価格を高くしたいのであれば，オークションビッドの形態をとることが有効である。売り手が交渉力を高めるためには，複数の買い手候補の確保が重要であるが，複数の売却候補と同時に相対交渉をすすめることは非常に負担が大きく現実的ではない。オークションビッドを導入することで，売り手が買い手をある程度コントロールできる売却プロセスに引き込むことができるため，複数の相手と同時に交渉し，最も条件の良い相手先を買い手に選ぶことができる。

　一方で，オークションビッドの問題点は，売却を検討しているという情報が比較的オープンになってしまうことである。売り手側が複雑な社内事情を抱え，カーブアウト事業の当事者に情報をオープンにできない場合など，オークションビッドの導入にはリスクが生じる。

　相対交渉により交渉を行う場合でも，交渉が不成立の場合に，他の買い手候補がいるかいないかでは，交渉力に大きな差が生じる。仮にオークションビッドを採用しない場合でも，売却戦略の立案においては，本命の売却先以外にも広く買い手候補の可能性を探っておくことが重要である。

3　売り手自身でのカーブアウト事業の評価

　売り手のカーブアウト事業売却の戦略的意義がコア事業への投資資金の獲得である以上，少なくともカーブアウト戦略の立案ステージ以降においては，売却事業について定量的な評価を行うべきである。

　定量的な評価とは，具体的には売却事業の過去のプロフォーマ損益資料，および将来事業計画から，売却事業のEBITDA水準，将来のキャッシュ・フロー・モデル，想定される純有利子負債，デット・ライク・アイテムなどを評

価することを意味する。

　プロフォーマ損益，将来キャッシュ・フロー・モデル等の資料作成のためには，より具体的なカーブアウトの範囲，オペレーションの定義が必要となるため，資料の作成の過程で，詳細なカーブアウト方針が固まっていくという効果もある。

　また，カーブアウト事業のプロフォーマ損益や，将来事業計画に対し，買い手がスタンドアローン問題のために投じなければならない費用なども想定した上で，譲渡価格のシミュレーションを行い，譲渡価格の交渉レンジを検討することは，買い手との交渉において重要である。

　譲渡価格レンジのシミュレーションを行った結果，基本方針や，カーブアウト戦略の立案で想定した売却価格レンジを外れる場合には，基本方針，あるいはカーブアウト戦略の立案ステージに立ち戻って方針・戦略を見直す必要がある。

　場合によっては，カーブアウトの範囲やオペレーションの定義などを見直す必要があるかもしれない。その場合には，基本方針，あるいはカーブアウト戦略の立案のステージをやり直し，再度，基本方針，カーブアウト戦略を見直したうえで，具体的な準備作業についても修正をかけていく必要がある。

　いずれにしろ，ステージに応じた定量的な評価を常に行い，目標からはずれるようであれば，すぐに前のステージに戻って検討していくことが望ましい。そうでないと，修正のための手戻りが逆に大きくなり不効率になるか，最悪の場合には最終段階で修正がきかなくなり，カーブアウトの戦略的な意義が薄れてしまうことにもなりかねない。

　また，売り手側としては，事業の譲渡価格のみではなく，カーブアウト後に自社に残存する事業のプロフォーマ損益や，将来事業計画もシミュレーションしておくべきである。

　売り手にとって，カーブアウトは自社の戦略を実現するための一過程に過ぎないはずであり，本来は，その後に何を行うかが重要なはずである。その一歩として，カーブアウトによって自社の価値をどのように増加させるのか，定量的な評価を行っておくことは重要である。

図表3-2-3 定量的評価とカーブアウト戦略の練り直し

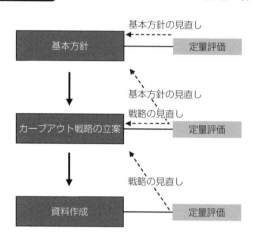

4 売り手側のカーブアウトスキームの工夫

(1) 売り手側のカーブアウト実行へのハードルの克服

　過去、日本において積極的にカーブアウトが行われてこなかったことの最大の理由は、従業員の抵抗感への配慮であろう。

　かつては、選択と集中というよりは総合的であることが多くの企業で目標とされ、かつ、終身雇用を前提とする労働環境の下、同じ会社、同じグループでともに働いてきた同僚を、カーブアウトによりグループ外に分離することは、カーブアウトする側もされる側も抵抗感が大きかった。

　現在は、選択と集中の意識が当時より高まり、労働市場の流動性も増加しているものの、カーブアウトを考える企業が二の足を踏む最大の原因は、依然として従業員の抵抗感である。

　このような従業員の抵抗感を緩和するためには、カーブアウトされる従業員に安心感を与える必要がある。そのために考えられることの一つには、カーブアウト後も売り手がカーブアウト事業に一定のコミットを継続することがある。具体的には、例えば、カーブアウト対象事業を会社分割等の手法により分社化

図表 3-2-4 売り手持分の一部を留保したカーブアウト

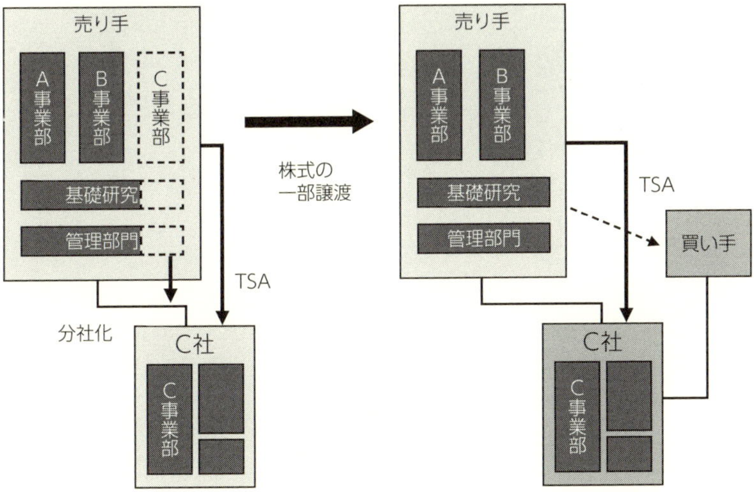

し，その大部分の株式を買い手に譲渡するが，一定割合については売り手が留保するスキームが検討されることがある。

売り手としては，持分の一部を留保することで，従業員向けには，事業から撤退したわけではなく，一定のコミットを継続するというメッセージとなり，安心感を与えることができる。

また，大部分の株式を売却することで，コア事業に投資する資金の獲得という目的は概ね果たせる。

さらに，TSA/LTSAなどによってもカーブアウト事業に関与すれば，カーブアウトされる側にはいっそうの安心感が出る。

スキームのアレンジとして，買い手側も自社の事業をカーブアウトし，分社した売り手側のカーブアウト事業に統合するスキームなども考えられる。

売り手側としては事業を売却したわけではなく，前向きな事業再編を行ったというメッセージを社内・社外に発信することができるため，カーブアウトによる事業売却という場合によってはネガティブなイメージを払拭できる。

図表3-2-5 事業再編型カーブアウト

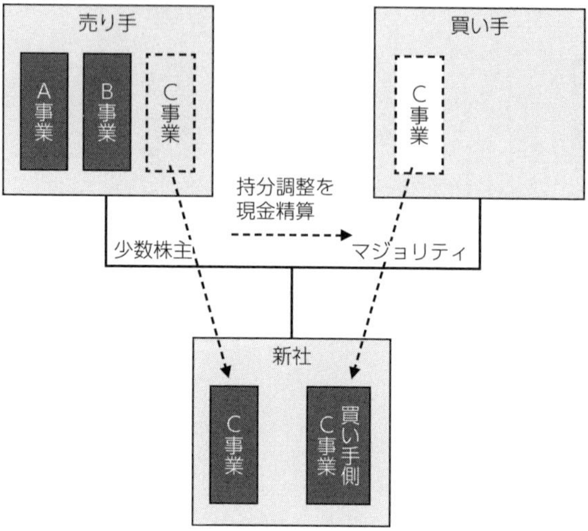

　ただし，これらのスキームも良いことばかりではない。いずれも，カーブアウトに伴う痛みを緩衝することを目的としているため，カーブアウトの本来の意義を一部犠牲にしているためである。

　売り手側にしてみると，戦略的な意義からは完全に撤退すべき事業に，一定の関与を続けることになり，100%売却した場合から見て売却により回収する資金も少なくなる。TSA/LTSAを継続する場合には，早期に着手すべきリストラクチャリングに遅れがでる。

　買い手側にしてみても，売り手側の関与があるため，自社への統合の障害となり，シナジー効果の達成に影響が出る。また，売り手のTSA/LTSAにより余分なキャッシュが流出することになる。さらに，所有権の一部が売り手に留保されているため，買収事業をバリューアップしても，その果実の一部が売り手に漏出してしまうことになる。

　したがって，カーブアウト実行のためにこのようなスキームを工夫したとしても，暫定的な措置にとどめ，中長期的には100%の持分を譲渡することも検

討すべきである。

(2) TSA/LTSAの利用による現金回収

売り手側にとってのカーブアウトの重要な目的は，より多くの譲渡対価の回収であるが，譲渡対価として現金を回収する他，一部はTSA/LTSAにより現金を回収するという選択肢もあり得る。

売り手は，特に追加投資を行わなくても，TSA/LTSAを提供する経営資源のキャパシティを持っているため，リストラクチャリングを行わない前提であれば，譲渡対価として現金を受け取っても，TSA/LTSAの対価として受け取っても経済効果は変わりがない。

これは，買い手が金融投資家である場合や，事業会社であっても異業種からの参入である場合など，売り手が提供してきたサービスの機能代替を買い手ができない場合には，有効なアプローチとなる。

機能代替ができない買い手は，母体からのサービスの補完のためのキャッシュアウトがいずれにしろ発生するため，譲渡価格が低くなる傾向になる。この場合，売り手としては，TSA/LTSAによって，譲渡価格以外のキャッシュを獲得できれば，実質的には譲渡価格を上げるのと同じ効果が得られる。

TSA/LTSAサービスを最も低コストかつ効果的に提供できるのは売り手であるため，買い手にとっても，第三者に業務委託を行うよりはるかに好都合である。

5 資料作成に関する留意点

売り手側は，買い手からの資料請求に対して，全ての要求に応じる必要は必ずしもない。

しかしながら，あまりに情報開示の範囲を狭めることは，情報不足によるディールの不成立や，不必要な譲渡価格のディスカウントを招きかねないため，戦略的に開示しない情報を除き，買い手が要求してくると想定される情報については，合理的な範囲で開示する前提で資料準備を進めるべきである。

一般に準備すべき情報として想定される資料については,「第2編　第2章 ③　財務デューデリジェンスのプロセス　(2)依頼資料」が参考になる。

(1) プロフォーマ財務情報の準備

資料準備において最も問題となるのは,プロフォーマ財務情報の準備である。「プロフォーマ」とは,「見積り」というニュアンスである。

買い手側からは,必ず,カーブアウト事業の過去の損益実績や,キャッシュ・フロー実績の提示を求められる。

買い手がカーブアウト事業の将来事業計画を検討しようとした場合,将来の予測情報は財務的には検証のしようがないため,過去の損益構造や,損益推移を分析した上で,将来予測情報の連続性や整合性,もっともらしさを吟味していくしかない。よって,デューデリジェンスにおいてはカーブアウト事業の過去損益実績,キャッシュ・フロー実績資料の提示を求めてくるというわけである。

一方で,カーブアウト事業は,売り手のカーブアウト戦略に沿ってあらためて資産・負債の範囲やオペレーションが定義されるため,仮に事業部制を会社が採用していても,当該事業部門とは厳密な定義が異なることが多い。

したがって,既存の管理会計資料である部門損益資料をベースにするにしても,それに必要な修正を加えたカーブアウト事業の「見積り」損益資料等を作成する必要が生じ,それを一般的にはプロフォーマ財務情報と呼んでいる。

プロフォーマ財務情報は,部門別損益資料をベースに以下のステップで作成される。

① 共通費,共通部門費の排除

本社オフィスの賃借料や減価償却費,役員の給料など,便宜的に部門に配賦されている部門間に共通に発生する費用である部門共通費を排除する。

また,経理,人事,法務,ITなどの管理部門,および購買部,研究部門などの後方支援部門など,複数の事業を支援する共通部門の経費が共通部門費として部

門に配賦されている場合には，共通部門費も排除する。

② 組織上，事業部門とカーブアウトで想定される範囲が異なることによる損益の加減

部門損益上の組織範囲と，カーブアウト事業の範囲は異なることが通常である。例えば，購買部など後方支援部門や，経理部など管理部門の一部がカーブアウト事業に加えられたり，カーブアウト事業担当の従業員が各人別に他部門から加えられることがある。

逆に，部門損益上の部門から，ある製品群を扱っているグループを抜く，あるいは特定の顧客＝商権を外すことも考えられる。

このような部門損益上の組織と実際のカーブアウト事業の範囲の違いについては，影響を損益に加減しなくてはならない。具体的には，人員についての人件費および付随する経費を加減し，また，特定の商権や，商品群などの売上，売上原価，販売費を外すなど，必要な修正を加える。

③ 共用資産などでカーブアウトされない資産・負債，契約などに影響を受ける損益の影響修正

部門損益上，当該部門で使用する資産や契約については，その損益が部門損益に含まれている。例えば，減価償却費や，リース料，賃借料などである。しかしながら，当該資産や契約がカーブアウト範囲に含まれていない場合には，関連する損益も発生しないので，そのようなものがあれば損益から排除する。

④ 内部取引の特定とカーブアウトによる影響の修正

部門損益上，他部門との取引は，通常は内部取引として把握されている。

カーブアウトによって内部取引は外部取引となるが，取引を継続する予定であるのか否か，取引を継続する場合には内部取引として記録している取引条件と同様の取引条件とするのかなどによって，必要に応じて内部取引に修正を加える。

⑤ 従来は認識していなかったカーブアウト事業との事実上の取引の認識

　部門損益上，全ての内部取引が会計上補足され，部門損益に反映されているわけではない。例えば，IPや，ブランド・商標などの利用料などが典型である。

　このような機能・サービスの提供について，カーブアウト後にも提供を行う場合には，対価を損益に反映することを検討する。

⑥ カーブアウト事業に必要であるが，損益上反映されていない機能・サービス項目の列挙

　以上，カーブアウト後のカーブアウト事業には発生しない損益項目を排除してきたが，そのほとんどは，カーブアウト事業にとって必要なサービスである。

　当該サービスは，基本的には買い手が補完すべきサービスであるため，売り手側が定量的な評価を行う必要はないが，プロフォーマ損益がどのような機能・サービスに含まれていない前提で作成されているかについては，買い手に提示しないとフェアではない。したがって，少なくとも項目としては特定し，買い手に提示できるようにしておく必要がある。

　また，明らかに買い手が既存の経営資源で代替できないサービスについてはコストの見積りをプロフォーマ損益に入れておくこともある。これらの点は，交渉戦略から，どのようにプロフォーマ損益を作成するか，検討すべきである。

(2) 事業計画の作成

　事業計画は，買い手のカーブアウト事業の評価に最も直接的に影響する資料であり，買い手に合理的に説明できるよう，また，買い手が納得するよう，市場環境および過去の損益と整合性のある事業計画を作成する必要がある。

① 過去のプロフォーマ損益との整合性

　まず，事業計画は，カーブアウト事業の実績損益であるプロフォーマ損益の延長線上に，カーブアウト事業で想定させる施策と市場環境の見込みを織り込んで，作成していくべきである。

買い手側はデューデリジェンスにおいて，将来事業計画の合理性を検討するために，当然，過去損益との連続性，整合性を検討することになる。過去実績と整合しない将来情報を出しても，買い手側の納得感は得られず，高い買収価格も提示されない。

② 前提となっているバックデータの提示

事業計画の前提となっている各種のバックデータ，例えば製品別構成・地域別構成・ルート別構成など各種売上明細，販売数量・販売単価データ，マーケットシェア，粗利率などについても，過去からの実績値と，将来事業計画での当該指標の見込みを同じ基準で示していくことで，事業計画についての信頼性を高めやすい。

また，当該データの推移について，前提としている施策や市場環境の変化と結び付けて説明できるようにしておくことも，買い手を納得させる重要な要素である。

③ 事業計画の策定年数

事業計画の策定年数についてはよく3年～5年と言われる。これは結果としてそのような事業計画が多いだけで，必ずしも3年～5年という年数にこだわる必要はない。本来は，事業が十分に成長を果たし，安定的な業績を残すようになるまでの期間の事業計画を作成することが正しく，5年を超えても成長していく蓋然性があるのであれば，当該期間の事業計画を作成すべきである。

買い手がDCF法により対象事業を評価する場合，何も考えていない買い手だと事業計画が策定されている期間を自動的に予測期間とし，事業計画策定期間の最終年度の損益が永久に継続するものとして事業価値評価を行うことが多い。このような場合に，まだ成長の余地があるのに，途中までしか事業計画が策定されていないと，事業の価値が過小評価されることになりかねない。

もちろん10年先20年先のことは一般に予想しがたいため，あまりに長い期間の事業計画を策定したところで，一定の期間から先は信用してもらえないため，

ある程度の限度はある。しかし，事業の成長が合理的に見込まれる期間を途中で切って事業計画を策定することは避けるべきである。

(3) 運転資本にかかわる資料の準備

　買い手から要求される可能性が高いが，売り手として準備していないことが最も多い資料は，カーブアウト事業の運転資本に関する資料である。

　カーブアウト事業が持株会社傘下の事業会社や，カンパニー制を採用しているカンパニーであれば，貸借対照表が作成されているためカーブアウト事業の運転資本はデータが集計されているが，事業部制組織，機能別組織が採用されている大多数の会社においては，事業別の運転資本を把握していることは少ないからである。

　カーブアウト範囲に運転資本が含まれる場合は当然のこと，カーブアウト範囲に含まれない場合でも，買い手側にとって運転資本投資がどの程度必要なのかの情報が事業価値の評価には必要であり，売り手としても何らかの情報は提供することがフェアであろう。

　また，自社としても，カーブアウト後に自社の運転資本にどのようなインパクトがあるのかは把握しておくべきである。

　通常，棚卸資産について事業別の残高がわからないということはないため，問題となるのは売掛金，買掛金などの債権債務である。

　事業によって顧客，取引先が明確に分かれている場合には，全社で売掛金，買掛金等を管理していたとしても，比較的容易に事業別の売掛金，買掛金等を一定期間（通常2～3期）遡って把握可能であろう。

　問題は，売掛金，買掛金の顧客，取引先が事業ごとに重複，混在している場合で，最悪の場合には伝票にまで遡らないと事業別の残高が把握できないことも想定される。

　そのような場合には，直近の基準時点のみはある程度詳細に対象事業に関連する売掛金，買掛金等を把握し，過去については売上高，仕入高の事業別の比率，理論的な回転期間などから類推した運転資本残高の情報を準備しておくな

ど，合理的な事務工数で，ある程度参考になる情報を提供するようにすると良い。

基準時点でさえも個別に把握することが困難な場合には，直近の情報についても，何らかの合理的な仮定によって算出することも仕方がないかもしれない。

(4) 設備投資にかかわる資料の準備

設備投資についても，事業の過去の設備投資水準について，開示が求められることが想定される。貸借対照表関連の資料ではあるものの，通常の会社であれば減価償却費の部門別計上のために，固定資産台帳上，部門コードが付されているはずであるから，比較的容易に把握が可能と思われる。

(5) 部門間，グループ間，その他利害関係者との取引

買い手側は，必ずカーブアウト事業と他部門との内部取引，売り手グループ会社とのグループ間取引，売り手の従業員，役員など利害関係者との取引の一覧の開示を求めてくる。

したがって，これら部門間，グループ間，その他利害関係者との取引については，取引実績を一覧にするとともに，取引条件と，当該取引条件の変更の見込み，影響額等についてもまとめておくことが望ましい。

また，取引にとどまらず，グループ間，その他利害関係者との債権債務についても開示を求められるのが通常であるため，資料を準備しておく必要がある。

なお，会社内部で部門間の取引がある場合には，本来であれば当該取引によって債権債務など運転資本が発生している。通常，会社内部の部門間の債権債務を把握していることはないだろうが，もし重要な取引がある場合には，カーブアウト後に想定される運転資本水準に影響するため，重要性があればそのインパクトも検討しておくべきである。

(6) インフォメーション・メモランダムの作成

カーブアウト事業の事業内容，沿革，事業所，経営陣，従業員，主要なビジネス

フローなど事業概況，過去のプロフォーマ損益/キャッシュ・フロー実績，資産・負債の内容など財務情報，事業計画などをまとめたものをインフォメーション・メモランダムとしてまとめ，買い手候補に提供する場合がある。

インフォメーション・メモランダムは，複数の買い手候補に対して事業買収の意思を打診する必要がある場合，あるいは，オークションビッドによって複数の買い手に同時にデータを提供する場合に作成される。

通常は，数十ページのボリュームとなるため，作成する場合の事務的な負担は大きいが，以下のようなメリットがあるため，状況に応じて作成を検討すべきである。

① 情報を提供する手間が省け，かえって効率的であること

複数の買い手候補に対し，個別に事業概況，過去の損益状況，将来事業計画を説明していくことは非常に事務的な負担が大きい作業である。作成には時間と手間がかかるものの，いったん作成してしまえば，それを買い手候補に渡すだけで説明の手間が相当に省ける。

② 買い手候補を自らの交渉の土俵に上げる効果があること

インフォメーション・メモランダムは，ある意味で売り手が考える事業の展望，買い手にとっての魅力をアピールする資料となる。

もちろん，買い手も売り手が考える事業の展望，魅力を100％信じることはないが，情報の少ない中で売り手側からカーブアウト事業の将来展望と魅力を提示することで，少なくとも買い手を売り手が考えている交渉の土俵に上げる効果は持つ。

6 デューデリジェンスの受け入れに関する留意点

(1) 情報の開示範囲

① 情報の開示範囲の考え方

デューデリジェンスの受け入れに関し，よく問題となるのは，情報の開示範囲

についてである。

　デューデリジェンスを受ける場合，通常は買い手側から，売却の準備段階で想定し準備していた資料以外の追加依頼があるのが通常である。追加依頼資料に全く対応しないのでは，買い手側の不信を買い，買収価格のディスカウントを招きかねない。

　一方，全てのリクエストに応えようとすると事務負担は非常に大きい。また，交渉戦略上，あまり開示したくない情報がある場合もあるのも事実であろう。

　情報の開示の範囲については，何か決まりがあるわけではないが，デューデリジェンスが買い手側の買収意思決定のために行われているのであるから，買い手が適切な判断を下すために必要な資料については，売り手の合理的な事務手数の範囲内であるならば，開示することがフェアであろう。

　ただし，カーブアウト型M&Aの場合，譲渡対象は会社の一部である。その点，譲渡事業とは関連のない全社の情報については，買い手の意思決定には関係がないはずであるから，開示を拒否してもアンフェアとは言えない。

　また，一般には，売り手として管理上把握していないデータ，資料を作成することは断っても差し支えないだろう。売り手として把握していないデータについては，少なくとも売り手としては経営管理上重要性を感じていない資料・データということであるし，短期間のデューデリジェンスの中で，一から資料作成を行って開示することはタイムスケジュールから見ても非現実的である。

② 共通費，共通部門費の発生状況

　実務においてよく問題になるのが，売り手傘下での共通費，共通部門費の発生状況や，売り手の部門別損益の状況などである。

　カーブアウトの譲渡価格交渉のポイントとなるのは，スタンドアローン問題を克服するための費用，あるいは売り手傘下で負担していた共通費や共通部門費の負担に関わる問題であるため，買い手側としては売り手の事情を知るために欲しい情報である。

　プロフォーマ損益，あるいはプロフォーマ損益に基づいて作成した将来事業

計画について，カーブアウト事業に固有には発生しない共通費や，部門共通費を負担しない前提で作成した場合，売り手傘下における部門損益よりはずいぶんと損益水準が高く見えるのが普通である。

買い手としては，当然，カーブアウト事業が当該損益水準のまま独立して運営できるわけではなく，共通サービスの機能補完が必要であるから，現実の損益水準はもっと低い，ということを売り手との交渉材料とするインセンティブがあるため，要求資料として，売り手の傘下にあったときの当該共通サービスのコスト，すなわち共通費や部門共通費の負担額の提示を求めてくることが多い。

売り手としては，当該情報や自社の交渉上の譲歩の余地など交渉戦略に関する情報を一部明かすことになってしまうため，当該共通費や，部門共通費の負担額は，カーブアウト事業に直接関係なく開示する義務はない，とつっぱねたいが，相対での交渉などの場合には，場合によっては両社の関係が悪化しかねない。

この点，プロフォーマ損益情報をしっかりと準備し，当該プロフォーマ損益がどのような前提で作成されているか明確に説明すれば，それ以上の情報を提示する義務はない，ということで買い手の要求をうまくコントロールできる可能性が高い。

一方，プロフォーマ損益がしっかりと準備されていないと，共通機能・サービスの取扱いをうまく説明できず，結果として本来出す必要のない資料まで出さざるをえない状況が生まれやすい。

また，プロフォーマ財務情報を全く作成していない場合，部門別損益資料などの資料を加工なしにそのまま提出することになるため，あらゆる情報を買い手に出さざるをえなくなり，買収交渉戦略上は不利になることも考えられる。

買収交渉戦略上，しっかりとした情報コントロールを行うためにも，プロフォーマ損益資料を作成しておくなど資料を整えておくことが望ましい。

(2) マネジメント・プレゼンテーションの実施

デューデリジェンスにおいて，買い手側の追加資料の要求や，質問への回答は，相当な事務負担になる。

特に，会計士や弁護士などデューデリジェンスのフェーズから案件に関与するアドバイザーは，対象事業の内容を理解していないことが多いし，カーブアウトの場合は会社全体の場合とは異なり，その範囲や事業内容など公表されている情報も少ない。そこからスタートすると，資料要求や質問の量が膨大となるし，場合によってはとんちんかんな質問をしてくるアドバイザーもいる。

　そこで，売り手側として，最初にマネジメント・プレゼンテーションを実施し，売り手側から能動的に必要最低限の情報を伝えることも検討すべきである。もちろん，マネジメント・プレゼンテーションを実施することも負担にはなるが，それによって後の質問や追加依頼資料リストの量と質をコントロールできるのであれば，結果としては事務負担が減ることになる。

　実施する内容は，インフォメーション・メモランダムがあれば，それを口頭で説明していくことで構わないし，特にインフォメーション・メモランダムを作成していない場合には，会社案内のパンフレット（の一部）や，出来合いの事業案内資料，事業計画資料などを基に説明することで構わない。

　特に特別な資料を作成せずとも，対面して事業概況を口頭で説明することで，買い手側のアドバイザーの理解は大分異なるものである。

　実施時期については，趣旨からいって，デューデリジェンスフェーズのキックオフ時点，もしくは初期に行うことが望ましい。

≪参考文献≫

- 『M&Aを成功に導く　財務デューデリジェンスの実務』プライスウォーターハウスクーパース株式会社編（中央経済社，2014年8月　第4版発行）
- 『カーブアウト経営革命』木嶋豊著（東洋経済新報社，2007年2月発行）

【著者紹介】

荒木　隆志（あらき・たかし）

公認会計士
トランザクション・サポート株式会社　代表取締役
一橋大学社会学部卒業。青山監査法人／プライスウォーターハウス（現プライスウォーターハウスクーパース（PwC）で会計監査，上場準備会社のためのコンサルティング業務に従事した後，PwCのM&A支援サービスグループ（現プライスウォーターハウスクーパース株式会社）に異動し，会計事務所のM&Aアドバイザリー業務本格展開の草分けとして，デューデリジェンス，株式／事業価値評価，その他M&Aアドバイザリー業務で数百件以上のM&A，事業再編，企業再生案件に関与。2014年10月にトランザクション・サポート株式会社設立。

【著作】
『M&Aを成功に導く　財務デューデリジェンスの実務』（第4版）（中央経済社，共著）
『M&Aナレッジブック』（中央経済社，共著）

カーブアウト型M&Aの実務―スタンドアローン問題から価格交渉まで

2016年7月10日　第1版第1刷発行
2025年5月15日　第1版第14刷発行

著者　荒木　隆志
発行者　山本　継
発行所　㈱中央経済社
発売元　㈱中央経済グループパブリッシング

〒101-0051　東京都千代田区神田神保町1-35
電話　03 (3293) 3371 (編集代表)
　　　03 (3293) 3381 (営業代表)
https://www.chuokeizai.co.jp
印刷・製本／文唱堂印刷㈱

© 2016
Printed in Japan

＊頁の「欠落」や「順序違い」などがありましたらお取り替えいたしますので発売元までご送付ください。（送料小社負担）
ISBN978-4-502-19041-4　C3034

JCOPY〈出版者著作権管理機構委託出版物〉本書を無断で複写複製（コピー）することは，著作権法上の例外を除き，禁じられています。本書をコピーされる場合は事前に出版者著作権管理機構（JCOPY）の許諾を受けてください。
JCOPY〈https://www.jcopy.or.jp　eメール：info@jcopy.or.jp〉

■おすすめします■

学生・ビジネスマンに好評
■最新の会計諸法規を収録■

新版 会計法規集

中央経済社編

会計学の学習・受験や経理実務に役立つことを目的に，最新の会計諸法規と企業会計基準委員会等が公表した会計基準を完全収録した法規集です。

《主要内容》

会計諸基準編＝企業会計原則／外貨建取引等会計基準／研究開発費等会計基準／税効果会計基準／減損会計基準／自己株式会計基準／1株当たり当期純利益会計基準／役員賞与会計基準／純資産会計基準／株主資本等変動計算書会計基準／事業分離等会計基準／ストック・オプション会計基準／棚卸資産会計基準／金融商品会計基準／関連当事者会計基準／四半期会計基準／リース会計基準／工事契約会計基準／持分法会計基準／セグメント開示会計基準／資産除去債務会計基準／賃貸等不動産会計基準／企業結合会計基準／連結財務諸表会計基準／研究開発費等会計基準の一部改正／変更・誤謬の訂正会計基準／包括利益会計基準／退職給付会計基準／修正国際基準／原価計算基準／監査基準　他

会 社 法 編＝会社法・施行令・施行規則／会社計算規則

金融商品取引法編＝金融商品取引法・施行令／企業内容等開示府令／財務諸表等規則・ガイドライン／連結財務諸表規則・ガイドライン　他

関 連 法 規 編＝税理士法／討議資料・財務会計の概念フレームワーク　他

■中央経済社■